스토리텔링의 이해

스토리텔링의 이해

1판 1쇄 2020년 12월 24일

지 은 이 | 박정식 · 한호
펴 낸 이 | 김진수
펴 낸 곳 | 한국문화사
등   록 | 제1994-9호
주   소 | 서울특별시 성동구 아차산로 49, 서울숲코오롱디지털타워3차 404호
전   화 | 02-464-7708
팩   스 | 02-499-0846
이 메 일 | hkm7708@hanmail.net
홈페이지 | http://hph.co.kr

ISBN 978-89-6817-948-8 93800

- 이 책의 내용은 저작권법에 따라 보호받고 있습니다.
- 잘못된 책은 구매처에서 바꾸어 드립니다.
- 책값은 뒤표지에 있습니다.

본 저서는 2019학년도 아주대학교 저술활동지원에 의하여 집필되었음

스토리텔링의 이해

박정식 · 한호 지음

한국문화사

| 저자서문 |

　필자는 어린 시절 할머니께서 들려주시던 똑같은 이야기를 수도 없이 반복해서 들었지만, 들을 때마다 새로운 흥미와 긴장감을 가지고 경청했던 것은 이야기가 가지고 있는 독특한 재미 때문일 것이다. 수십 년 후 나이를 먹어 아이들을 키우면서 그때 이야기를 다시 만나게 된다. 잠자리 들기 전에 같은 이야기를 반복하고 있는 스스로를 발견하면서 짧은 인생과 이야기의 긴 생명력을 새삼 느끼게 된다.

　이렇듯 스토리텔링은 유아기부터 활용되어, 스토리를 들은 아이가 그것에 깊이 몰입하고 인물의 호소에 공감하여 우리가 세상을 배우고 경험하는 데에 좋은 영향을 준다. 문자를 배운 후에는 책을 통해 보다 많은 스토리를 경험하고, 스스로도 글을 써서 새로운 스토리를 만들어내는 스토리텔러가 된다.

　스토리텔링은 인종, 언어, 지역을 넘어 모든 문화권에서 개인의 삶에 의미를 부여하고, 공동체의 공감을 이끌어내며, 시대의 가치와 규범을 강화하는 역할을 하고 있다. 현대에 이르러 스토리텔링은 이야기 전달을 넘어 교육, 미디어, 비즈니스, 의료, 엔터테인먼트 등 다양한 분야를 아우르는 인문학적 도구로 인식되고 있다.

　이 책은 인문학의 독특한 시점을 스토리텔링이란 주제를 통해 이론적으로 정리하였다. 스토리텔링의 기초적인 이론과 비교적 흥미로운 예시를 소개하는 데 초점을 맞췄다. 필자의 강의노트와 수업을 들은 학생들의 습작과 과제물, 예시가 될 수 있는 신문기사, 소설, 드라마 등을 보충하여, 기초이론과 함께 예시를 통해 균형 잡힌 내용으로 스토리텔링에 대해 탐구하려는 사람들에게 도움이 되도록 구성하고자 하였다.

  이 책을 출판하는 과정에 다 밝힐 수 없을 만큼 많은 사람의 도움을 얻었고, 강의에 참여한 학생들의 의견을 통해 보완하고, 영미권 이론서를 참고하여 요약하는 과정이 뒤따랐다. 초판이 나오는 데 도움을 주신 한국문화사의 편집진에 감사의 말씀을 드린다. 마지막으로 이 책의 오류와 탈자를 확인하고 정정해준 손수련 학생과 영어 등 다양한 언어를 번역해준 시누비에게 깊은 감사의 마음을 전한다. 스토리텔링에 대한 더 많은 관심과 논의가 있기를 바란다.

2020년 10월 10일
박정식 · 한호

| 차례 |

저자서문 | v

1장 / 기호와 스토리텔링 | 1

    1. 기호의 정의   3
    2. 기호의 종류   5
    3. 기호학 이론   7
    4. 언어기호의 특성   13
    5. 기호의 적용범위   15
    6. 영상과 기호이론   17
    7. 기호와 스토리텔링   18

2장 / 서사구조 분석 모델 | 23

    1. 피라미드 모델 - Gustav Freytag   25
    2. 캐릭터 기능 모델 - Vladimir Propp   27
    3. 행위소 모델 - Algirdas Julien Greimas   29
    4. 드라마티즘 - Kenneth Burke   31
    5. 균형 모델 - Tzvetan Todorov   33

3장 / 등장인물: 캐릭터 | 39

1. 캐릭터의 특징 — 41
2. 전형적 캐릭터 — 43
3. 입체적 캐릭터 — 46
4. 고유한 캐릭터 — 49
5. 고정인물 — 52
6. 캐릭터의 재현 — 65

4장 / 플롯 | 69

1. 전형적 플롯 — 71
2. 제임스 스콧 벨의 플롯 유형 — 74
3. 로널드 토비아스의 플롯 유형 — 80
4. 구조로 본 플롯의 유형 — 88

5장 / 서사, 서사성 | 93

1. 서사성 — 95
2. 서사문법 — 101
3. 서술의 형태: 스토리의 속도 — 104
4. 서사 전달방식: 말해주기, 보여주기, 경험하기 — 113

6장 / 스토리텔링의 활용 | 119

1. 이야기 기사   122
2. 장소와 스토리   130
3. 스토리텔링 활용 교육   141
4. 컴퓨터 게임과 스토리텔링   153

참고문헌 | 161
찾아보기 | 164

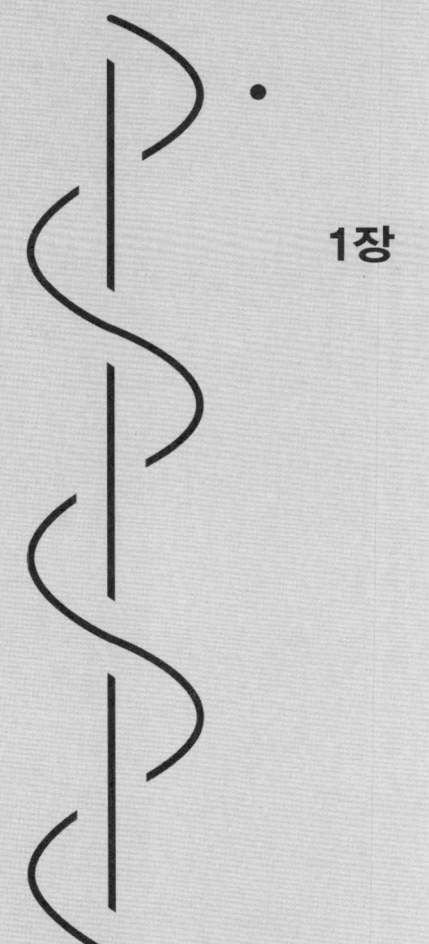

1장 기호와 스토리텔링

이야기는 언어라는 기호체계를 통해 전달된다. 언어는 기호로 구성되며 기호의 결합과 배열을 통해 형태소, 단어, 구, 문장 등의 언어단위가 생성된다. 언어에 대한 기호학적 접근은 더 나아가 이야기 구조 자체에도 적용될 수 있다. 본 장에서는 기호의 기본적인 개념과 활용에 대해 알아보기로 한다.

1. 기호의 정의

 이 세상에 존재하는 모든 것은 잠재적으로 기호가 될 수 있다. 존재 자체가 기호라기보다는 그 존재에 대한 우리의 규정과 해석이 그 존재에 기호로서의 생명력을 불어넣는 것이다. 어느 산책로에서 마주하게 된 이름 모를 들꽃을 보고 '참 아름다운 꽃이구나. 그런데 이 길가에서 외로워 보인다'는 생각을 하는 순간 그 들꽃은 스토리의 구성요소가 되고 구성요소로서 기호의 역할을 할 수 있게 된다.

 기호가 문명사회에서 필수적인 요소가 될 수밖에 없는 것은, 관계지향적 인간의 소통을 위한 매개수단이기 때문이다. 인간이 의도적으로 사용하는 기호의 가장 대표적인 예는 언어다. 특정한 집단에 속한 인간은 집단이 공유하는 고유한 기호체계를 사용하여 서로 소통한다. 따라서 이 집단의 기호와 기호체계를 이해하지 못한다는 것은 그 집단에 속하지 못한 것과 같다.

 사람들 간의 소통에서 기호는 반드시 언어토만 나타나는 것이 아니라 무언의 약속을 거쳐 다른 소통의 매개로 사용되기도 한다. 17-18세기 유럽에서 유행한 부채언어가 그 좋은 예다. 부채는 더위를 이겨내기 위한 도구 또는 장식이었는데, 당시 표현의 자유가 제한되어있던 여성들에게는 무례하지 않게 자신의 의지를 표현할 수 있는 훌륭한 소통수단이었다. 예를 들어, 한 여성이 자신의 거부의사를 표현할 때, 부채로 손바닥을 몇 번 치는 것으로 그 의사를 전달했다. 따라서 사교계에 진출하려던 여성들은 지인을 통해 부채언어를 배워야 했다. 이들에게 부채는 소통수단의 역할을 하는 하나의 기호였던 것이다.

  기호는 그 기호를 이해하는 주체에 따라 그 해석이 달라질 수 있기 때문에 기호를 통한 소통이 항상 성공적인 것은 아니다. 예를 들어, 남성과 여성이 붉은 장미에 대한 해석을 달리한다면, 여성에게 붉은 장미를 전달한 남성은 성공적으로 자신의 사랑을 표현할 수 없을 것이다. 성공적인 소통이 이루어지기 위해서는 송신자와 수신자의 공통된 이해 분모가 필요하다. 관계를 이루고 유지하기 위해서 우리는 끊임없이 그 공통의 이해 분모를 학습과 경험을 통해 지식으로 축적한다. 대부분의 소통은 객관적이고 표준적으로 해석되는 기호를 공유하여 원활하게 진행되지만, 그 기호가 사용되는 시간과 공간, 주체의 감정 등이 문맥context이 되어 그 문맥 속에서 송신자와 수신자의 해석이 다를 수 있다.

  이와 같이 단순하게 기호를 정의한다면, 의사소통의 매개수단으로 정의할 수 있으나 기호학자들은 심도 있는 논의를 통해 다양한 측면에서 기호를 정의하고 분류하였다.

2. 기호의 종류

기호학의 창시자 찰스 샌더스 퍼스Charles Sanders Peirce(1839~1917)는 기호를 대상체의 기준으로 도상Icon, 지표Index, 상징Symbol으로 분류하였다. 그는 기호가 세 가지로 나눠진다 하더라도, 기호의 유형들은 서로 분리될 수 없으며, 항상 함께 작용한다고 말하였다(Peirce, Houser, & Kloesel, 1992).

도상(Icon)

도상은 지시 대상과 형태적으로 유사한 특성을 가진다.

도상은 유사성에 의해 형성된다. 도상은 표현하고자 하는 대상과 물리적인 연결고리는 없지만 대상과 닮았기 때문에 그것이 무엇을 지칭하는지 알아차릴 수 있게 하는 것이다. 가장 대표적인 예는 초상화다. 초상화는 사람의 이미지를 본떠 만들어진 것이다. 사람들은 초상화를 보고 지시 대상을 떠올릴 수 있지만, 그 자체가 사람은 아니다.

지표(Index)

지표의 작용은 시공간적인 연관성에 의해 일어난다.

지표는 도상과 달리 기호와 대상 사이에 물리적인 연결고리가 존재하는데, 이러한 연결고리로 시공간적 인접성이나 인과성이 그 특징이 된다. 예를 들어, 물이 담긴 컵에서 김이 나는 것을 보고

뜨거운 물을 지각한다면, 그것은 물이 끓으면 기화한다는 인과성이 기여했기 때문이다. 지표는 자연지표와 인공지표로 나뉠 수 있다. 자연지표가 앞의 예처럼 물리적 현상을 표현하는 반면, 인공지표는 의사소통을 목적으로 하는 신호signal로 나타난다.

상징(Symbol)

> 상징은 대상과 본질적으로 무관하고 자의적이다.

　상징은 도상, 지표와 달리 지시 대상과 유사성이나 물리적 인접, 인과성을 가지고 있지 않기 때문에 문화적 관습이나 규칙에 의해 만들어진다. 따라서 수용자는 다양한 규칙이나 관계를 교육받지 않으면 상징을 이해할 수 없다. 예로는 우리나라에서는 흰 비둘기와 평화는 아무런 유사성, 인과성과 같은 관계가 없음에도 관습적으로 수용자들에 의해 그 둘이 연결되지만 이러한 관습이 없는 문화권에서는 흰 비둘기를 보며 평화라는 상징을 떠올릴 수 없는 것 등이 있다.

3. 기호학 이론

기호학 이론이 형성되기까지는 많은 기호학자의 노력이 있었지만 그중 소쉬르, 퍼스 그리고 바르트를 빼놓고 이야기할 수 없을 것이다. '기호학의 아버지'라 불리는 페르디난드 드 소쉬르Ferdinand de Saussure는 기호의 2항 구조 모델을 제시하였고, 앞서 소개한 퍼스는 표상체, 대상체, 해석체로 이루어진 3항 구조의 모델을 제시하였다. 롤랑 바르트Roland Gerard Barthes는 현대 사회에 적용되는 기호를 기의와 기표의 구조에 기반을 두어 입체적인 3단 구조로 정리하였다. 이들의 기호에 대한 접근은 아래와 같이 조금씩 다르다.

■ 소쉬르(Ferdinand de Saussure)

소쉬르는 언어학자로서 그의 기호에 대한 이해가 구조주의 언어학에서 언어를 설명하는 중요한 토대가 되었다. 그가 제시한 2항 구조는 기표signifier와 기의signified로 설명할 수 있다. 기표는 기호가 가지고 있는 물리적 실체를 말하며, 기의는 기호가 담고 있는 추상적 개념을 의미한다. 예를 들어, '나비'라는 단어는 기표로써 읽을 수 있는 시각적 이미지를 전달하고, 기의로써 그 단어를 듣거나 보았을 때 우리 심상에 떠오르는 개념을 제공한다. 이와 같이 우리는 '나비'란 단어를 보고 나비의 형태와 개념을 떠올리게 된다. 이는 사회 구성원들이 임의로 정해 놓은 언어적 약속 때문이지 나비의 존재가 '나비'라는 단어와 직접적으로 관계가 있기 때문이 아니다. 즉 기호와 물리적 실체 사이에서는 직접적인 연관성이 존재하지 않으므로 수신자와 발신자가 같은 문화나 언어를 공유하지 않으면 기호를 사용한 성공적인 소통을 할 수 없다.

■ 퍼스(Charles Sanders Peirce)

미국의 기호학자인 퍼스는 사고를 통해 기호를 생산한다고 믿었던 옛사람들의 생각과는 다르게 인간이 기호를 통해 사고한다고 주장하였는데, 그만큼 인간이 기호로부터 자유로워질 수 없으며 우리가 기호 안에서 사고한다고 생각하였다. 퍼스는 그의 기호이론을 통해 세계를 분할하고 존재를 구성하는 과정을 재정립하였다.

퍼스는 기호를 대상체, 표상체, 해석체의 연결 관계로 분석하였는데, 대상체는 모든 대상이나 현상을 말하며, 표상체는 대상을 나타내는 방법이나 수단을 지칭하고, 해석체는 대상체를 표상체로 표현했을 때 그것을 해석하고 이해하는 방법이나 현상을 의미한다. 이 체제를 도식화하면 다음과 같다.

<표 1.1> 퍼스의 기호이론 체제

	Quality 품질	Facts 사실	Law 법칙
표상체	Qualisign 품질기호	Sinsign 개별기호	Legisign 법칙기호
대상체	Icon 도상	Index 지표	Symbol 상징
해석체	Rheme 해석기호	Picent 발화기호	Argument 논항기호

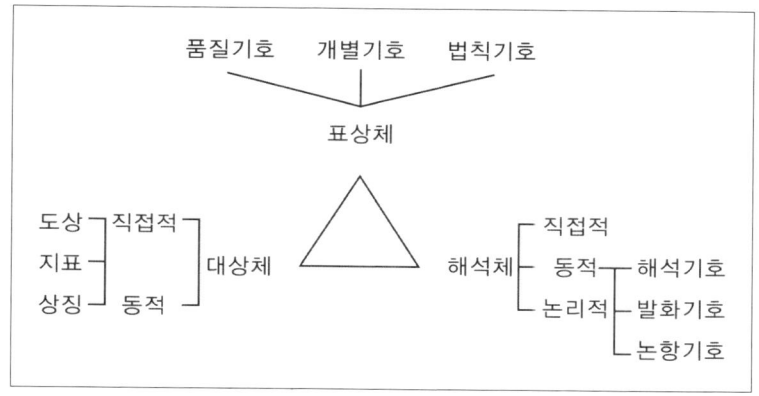

[그림 1.1] 퍼스의 기호이론 체제

 교통신호등을 예로 들어 퍼스가 제시한 기호의 분류를 보면, 품질기호란 시각적으로 수용될 수 있는 교통신호등의 빨간 색상이고, 개별기호는 품질기호의 작동으로 운행 중 빨간불이 들어 온 경우를 들 수 있으며, 법칙기호는 관습적인 약속으로서 운전자가 차를 멈출 수 있게 하는 기호이다.
 해석체와 관련해서는, 교통신호등이 빨간불이면 차를 멈추어야 한다고 생각하게 되는데, 이는 직접적 해석체고, 이에 따라 자동차의 브레이크를 밟는 행위는 동적 해석체며, 교통신호등의 빨간불을 보면 습관적으로 차를 정지하는 행위가 논리적 해석체다.
 퍼스는 대상체를 기준으로 기호를 도상, 지표 그리고 상징의 세 가지로 나누었다. 도상기호는 대상체와의 유사성에 의해 인식되는데, 특정 대상을 지시하는 기호로써 사진 속의 인물이 그 예가 될 수 있다. 지표기호는 대상체와의 인접성, 시공간적인 인과관계 등에 의해 결정되는 기호며, 지문을 예로 들 수 있다. 상징기호는 인간이 임의로 정하는 기호로 규칙에 의한 연결이 주요한 기능을 하는바, 인간의 언어가 그 예가 될 수 있다.

추상적 개념을 통해 기호를 정의한 소쉬르와는 다르게, 퍼스는 사용자의 입장에서 더 쉽게 이해할 수 있는 수신자중심이론을 전개하였다. 그는 같은 문화와 언어권 안에서도 개인적 환경에 따라 한 물체에 대한 해석이 달라질 수 있다고 했는데, 다음 두 가지 이야기가 그에 대한 예다.

아홉 살 난 예림이는 요새 학교 가기가 너무 싫다. 도시에 살다가 시골에 온 것도 짜증 나는데 같은 반 남자애들이 다 자신을 괴롭히기 때문이다. 못된 남자애들 중에서도 특히 종석이가 제일 미운데 짝이 된 이후로 더욱 장난이 심해졌다. 틈만 나면 자기가 몸서리치는 곤충들을 잡아와 몰래 책상에 집어놓곤 해. 교과서를 꺼내려 손을 넣었다가 깜짝 놀라 넘어간 게 한두 번이 아니다. 그렇게 곤충을 손으로 집어 굳어있으면 옆에서 종석이가 히죽히죽 웃는데 여간 얄미운 게 아니다.

아홉 살 난 종석이는 요새 학교에 가는 것이 매우 즐겁다. 내심 좋아하던 도시 깍쟁이 예림이랑 짝꿍이 된 이후로 매일매일 구름 위에 두둥실 떠 있는 기분이다. 예림이에게 주려고 숲에서 엄청 큰 장수풍뎅이나 사슴벌레를 잡는 일은 고달프지만 예림이가 이걸 받고 좋아할 생각을 하면 하나도 힘들지 않다. 내가 준 곤충을 손에 들고 신기한 듯 빤히 바라보는 예림이는 정말 예뻐서 갈수록 큰 것을 잡아주고 싶다. 다음엔 더 깊은 숲속으로 가 봐야지.

위와 같이 예림이와 종석이의 곤충에 대한 이해가 다른 것은 문화나 언어의 차이가 아니라 서로 다른 지역에서 살아온 두 사람의 개인적 환경 차이 때문에 발생하게 된다. 곤충을 장난감으로 생각해 애정의 표현으로 활용한 종석이가 예림이의 곤충에 대한 불쾌감을 이해하지 못한다면 끝내 자신이 소망하는 소통을 이룰 수 없을 것이다.

■ 바르트(Roland Gerard Barthes)

프랑스의 구조주의 철학자인 바르트는 소쉬르와 퍼스가 다져놓은 기호이론을 토대로 해석의 확장이 가능한 형태의 기호학을 정립하였다. 그는 기호로서의 이미지image에 주목하였다. 이미지는 언어학적으로 보면 언어 외적인 기호로서 단순히 반복 공유되는 방식을 통해 기호로서의 역할을 수행한다. 이와 같은 맥락에서 이미지 기호를 재현re-presentation이라고 보았다. 재현되는 이미지는 의외로 강력한 의미전달의 힘을 가지고 있다고 할 수 있다. 예를 들어, 영화나 광고 등에서 보이는 이미지들은 소쉬르가 이야기한 기호의 범위를 넘어서 그 이미지들이 갖는 함축된 의미를 매우 효과적으로 전달하는 방식으로 기호로 역할 한다.

소쉬르는 기표와 기의의 단일한 결합을 언급하였으나 바르트는 이 결합과정에서 기의가 단일하지 않고 해당 기표에 대한 해석이 다양하여 여러 기의가 가능할 수 있다고 주장하였다. 이 경우, 언어보다는 사회나 혹은 집단의 신화가 기의를 구성한다고 보았다. 이를 도식화하면 아래와 같다.

<표 1.2> 바르트의 기호이론 체제

언어	1. 기표	2. 기의	
	3. 기호 / I. 기표		II. 기의
신화	III. 기호		

 바르트는 신화에 주목하면서, 신화란 권력을 가진 특정 집단이 지배력을 유지하기 위해 만들어낸 것으로, 그것이 여러 매체를 통해 이미지화되고 공유되면 피지배층의 일반 대중들은 그것을 당연한 상식으로 여기게 된다고 하였다. 이 과정에서 과학적이고 사실적인 근거나 이유는 무시되기 쉽다. 예를 들어, '남성이 여성보다 수학을 더 잘한다'라는 말은 일종의 신화로 자리 잡게 되어, 사람들은 그것을 당연한 것으로 여기면서 여성들이 수학을 더 어렵게 여기게 만든다.

4. 언어기호의 특성

소쉬르는 언어기호의 기본적인 특성으로 자의성(恣意性)을 강조하였다(Saussure et al., 1962). 자의성(恣意性; arbitrariness)이란 언어에서, 임의적인 사회적 약속에 의하여 소리와 의미의 관계가 만들어진다는 것을 의미한다. 언어기호는 유사성, 인과관계, 혹은 근접성 등 자연스러운natural 관계를 바탕으로 작동하지 않고, 사회구성원의 약속에 의해 만들어지는 자의성을 가진다. 국가별 언어를 살펴보면 이러한 언어기호의 차이를 생각해 볼 수 있다. 예를 들어, 한국인은 꽃을 '꽃'이라 부르지만 미국인은 'flower'라 하고 한자 기호인 '花'를 중국인은 [huā]라 읽고 일본인은 [hana]라고 읽는다. 각 나라에는 이렇게 물체를 부르거나 쓰는 자신들만의 약속이 있으며 그것은 한 개인이 새로이 만들거나 바꿀 수 없는 것이다. 그러므로 하나의 언어는 그 나라 구성원들의 약속에 의해 정해지는 하나의 기호로서 작용하는 것이다.

이를 두고, 소쉬르는 기표와 기의 사이는 자연적 관계가 아닌 임의적인 관계라고 주장하였다. 기호의 특징 중의 하나는 기호작용이 대상의 진위를 담보하지 않는다는 것이다. 다시 말해서, 기호와 대상은 연결고리를 갖지만 대상물은 항상 실제로 존재하지 않을 수도 있다는 것이다. 대상체는 실제로 존재할 수도, 상상에 의해 만들어진 허구일 수도 있다. '용'은 실제로 존재하지는 않지만 동서양을 막론하고 초월적 존재로 여겨져 왔다. 비록 실제 하지는 않지만 용은 서양에서는 드래곤의 형태로, 동양에서는 이무기, 즉 뱀의 형태로 문화 속에서 적극적으로 해석되어 왔다.

앞서 언급한 언어기호의 특성은 형태와 의미의 연결에 초점을 맞추었다면 언어기호의 또 다른 특성인 구조적인 측면에 초점을 맞추어 구성요소와 구성요소들의 결합을 살펴볼 수 있다. 음성언어의 예를 들면, 소리를 만들어내는 장소와 방법의 차이로 인해 각각의 소리가 다른 소리로 지각되고, 각각의 소리는 결합을 통해 음절을 형성한다. 우리가 '기억'이라는 단어를 말하는 과정을 떠올려보자. 단어를 형성하는 자음과 모음은 그 소리를 만드는 약속된 장소와 방법이 있고, 그 약속에 따라 결합하여 의미 단위를 만들어낸다. 각각의 소리는 그 소리로는 아무런 의미가 없으나 결합을 통해 의미를 담게 된다. 이와 같이, 언어는 무의미한 요소의 결합이 유의미한 단위로 전환되는 과정을 거쳐서 산출되므로 무의미성과 유의미성의 이중성을 갖게 된다고 할 수 있다. 이런 결합과정은 이원적 체계duality of patterning를 따른다고 한다.

5. 기호의 적용범위

현대사회에서 기호의 적용범위는 분류를 할 수 없을 만큼 다양하고 방대해졌다. 자본주의 원리에 의해 대부분의 학문이 효율성과 수익의 극대화를 향해 발달해 왔듯이, 기호학 역시 그 범용성과 유용성이 인정되어 여러 분야에 적용되고 있다. 도서관에 꽂혀있는 기호학과 관련된 영상, 광고, 경영학 관련 서적들이 이런 현상을 보여주는 예라고 할 수 있다. 단순히 기호학뿐만 아니라 기호학에서 파생되었다고 볼 수 있는 스토리텔링은 다양한 분야와의 결합이 이루어져 기호의 적용범위를 더욱더 넓히고 있다. 광고에서 단순히 제품의 기능을 알리는 것에서 그치지 않고 스토리텔링을 통해 이미지를 전달하는 것을 보면, 스토리텔링이 산업에서 얼마나 유용하게 쓰이고 있는지 알 수 있다. 이렇게 스토리텔링과의 결합을 통한 시너지 효과는 최근 들어 그 중요성이 밝혀지고 있지만, 순수 기호학은 본질에 대한 철학적인 질문을 다루므로, 다른 분야와의 결합이 더 신중하게 이루어지고 있다. 한 예로 주디스 윌리암슨Judis Williamson의 <광고의 기호학>에서는 단순히 기호학을 통한 광고효과 상승에 대한 방법론보다는, 기호학을 기반으로 이데올로기와 소비문화에 대한 비평적 접근을 한다. 쩩선기의 <텔레비전 문화의 기호학>에서도 역시 기호학을 TV에 투영된 문화현상을 해석하는 도구로 사용한다.

이렇듯 아직은 직접적인 적용범위가 제한되지만, 기호학은 다양한 분야를 분석하는 훌륭한 도구로써 사용되고 있다. 따라서 그 적용범위 또한 더욱더 확장될 가능성이 있다.

6. 영상과 기호이론

　현대 사회에서 영상이 차지하는 비중은 상당하다. 20세기에 들어오며 유럽에서는 이미 영화산업이 거대한 산업으로 발전했고 세계 2차 대전 이후 미국이 주도권을 잡은 할리우드 중심의 영화산업은 현재 지구상에서 가장 많은 이익을 내는 산업 중 하나가 되었다.
　영상은 상당히 다양하고 복잡한 기호로 이루어져 있다. 영화를 기준으로 보면 영화는 문학, 미술, 광학물리학, 음향학 등의 기초학문의 총체다. 시놉시스와 시나리오는 문학적 기호로 되어있고 촬영에 관한 서류는 광학적인 기호로 서술되어 있다. 그 기호들이 뭉쳐서 다시 새로운 영상 기호를 만들어낸다. '색온도 6500K의 텅스텐 조명을 같은 거리에서 3점 조명방식으로 설치하고 초점거리 200mm, F2.8로 촬영해라.'라는 지시문은 각종 학문 기호의 집합으로 이루어진 문장이다. 개인의 해석에 따라 주관적인 부분인 미술적 분야는 차이를 보일 수 있으나 수치적 구성요소 해석은 공통된 모습을 보인다. 이런 해석은 소쉬르의 2항적 구조 이론보다 퍼스의 3항적 구조 모델이 더 잘 맞는 경우라 볼 수 있다. 각각의 단어는 소쉬르의 이론으로 설명할 수 있지만, 언어학적으로 한 단계 더 진보한 문장의 경우에는 퍼스의 이론이 더 실제적이다.

7. 기호와 스토리텔링

앞서 우리는 존재하는 모든 것들을 기호로 파악할 수 있고, 그 과정에 대한 분석 방식에 대해 살펴보았다. 우리가 일상에서 보고 듣거나 만들어내는 이야기는 이런 기호학적 접근 방법을 차용하여 분석할 수 있는데, 그 중심에 심층적인 이야기의 개념에 해당하는 패뷸라fabula와 개념의 실현에 해당하는 수제sujet의 이원적인 접근이 있다.

같은 내용을 가지고 스토리를 구성하더라도 작가에 따라서 다른 방식으로 서술되고 전혀 다른 스토리가 된다. 스토리로 구체화되기 이전의, 글감이 되는 캐릭터, 사건, 배경을 기초로 추상화된 이야기를 패뷸라라고 하고, 스토리로 구체화된 결과물을 수제라고 한다. 스토리는 크게 패뷸라와 수제라는 두 개의 층위구조로 파악할 수 있는데, 이는 구조주의 언어학에서 심층구조와 표층구조 또는 랑그와 파롤로 이분화하는 방법과 다르지 않으며 다음과 같이 도식화된다(Chatman, 1978).

<표 1.3> 패뷸라와 수제의 층위구조

이야기	패뷸라 (Fabula)	사건(Events)	행위(Actions)
			해프닝(Happenings)
		존재물(Existents)	인물(Characters)
			배경(Settings)
	수제(Sujet)		

다시 말해 패뷸라는 스토리가 '무엇'으로 구성되었는지를 보여주고, 수제는 스토리가 '어떻게' 서술되어 있는지를 보여준다.

다음 네 가지의 문장을 추상화된 개념으로 가정한다면, 이는 '무엇'에 해당하는 패뷸라다.

(1) 일본이 한국을 점령하였다.
(2) 한국은 일본의 관할 아래 있었다.
(3) 한국은 일본으로부터 독립하였다.
(4) 한국은 미국의 관할 아래 있었다.

이러한 추상화된 개념을 통해 다음과 같은 네 가지의 다른 수제가 탄생할 수 있다.

(1) 한국은 여러 외국의 세력에 의해 점령되어 왔지만, 언제나 제국주의의 지배에 저항하고 독립을 추구하였다. (로망스)
(2) 일본은 한국을 침략했다. 일제로부터 해방되었으나 한국은 다시 미국의 지배를 받았다. 한국은 외세의 지배를 운명으로 받아들였다. (풍자)
(3) 일본이 한국을 침략한 이후 한국은 일제의 지배에 저항했다. 마침내 미국의 도움으로 한국은 해방되었다. (희극)
(4) 한국은 일본으로부터 해방되었다. 그러나 불행하게도 곧 미국의 지배를 받았다. (비극)

노드롭 프라이Herman Northrop Frye가 제안한 장르 분류를 적용해 볼 때, 같은 패뷸라를 통해 로망스, 비극, 희극, 풍자의 네 가지로 구체화할 수 있다.

논의를 확장해서 우리 민담인 <장화홍련전>과 영화 <장화, 홍련>을 살펴보면, <장화, 홍련>은 민담인 <장화홍련전>의 모티프를 페뷸라로 하여 새로운 이야기로 변형시킨 경우로 볼 수 있다. 그럼에도 수제에서 차이를 두었기에, 제목을 제외한 공통점은 찾기 힘들 정도로 두 작품은 다른 이야기로 보인다.

만약, 영화 <장화, 홍련>을 보고 이 제목이 아니더라도 <장화홍련전>을 떠올릴 수 있다면, 이는 인물, 사건, 주제 등의 모티프 요소가 우리에게 기억으로 저장된 스토리의 구조 안에 있기 때문이다.

[그림 1.2] 동일 패뷸라를 활용한 수제 변형의 예

<표 1.4> 민담 <장화홍련전> 스토리 구조

도입	세종조에 평안도 철산에 배무룡이라는 좌수에게 장화, 홍련 두 딸이 있었다.
전개	좌수는 부인이 죽자 후사를 얻기 위해 허 씨에게 재취하였다. 허 씨는 소생이 생긴 뒤 장화, 홍련 두 딸을 학대한다.
절정	허 씨는 아들 장쇠를 시켜 장화를 못에 빠뜨려 익사시킨다. 홍련도 장화가 죽은 못에 뛰어들어 자살한다.
결말	새로운 부사는 허 씨와 아들 장쇠를 처벌하고, 두 자매의 시신을 거두어 장례를 치른다.

<표 1.5> 영화 <장화, 홍련> 스토리 구조

도입	수미는 수연과 시골집에 돌아와 아버지, 새엄마와 살아간다.
전개	악몽과 기이한 사건으로 수미는 불안해하고 가족과 갈등하기 시작한다.
절정	새엄마의 폭력으로 수미는 새엄마와 대립하고 새엄마는 수연을 살해한다.
(반전)	실제 새엄마의 등장으로 수연과 이전의 새엄마는 수미가 만들어낸 환상으로 밝혀진다.
결말	정신병을 앓는 수미는 아버지와 시골집에 남겨진다.

<표 1.6> 민담 <장화홍련전>과 영화 <장화, 홍련>의 수제 요소 비교

		Sujet (장화홍련전)	Sujet (장화, 홍련)
사건	행위	장화와 홍련은 새엄마에게 괴롭힘을 당한다. (수동적)	수미는 새엄마에게 불복종하며, 반항심이 가득하다. (능동적)
	해프닝	플롯과 큰 관련이 없는 사건	
존재물	인물	배무룡(아버지) 허 씨(새엄마) 장화 홍련 장쇠 부사 • 아버지: 무지한 가부장 • 계모: 악독한 적대자 • 친모: 현모양처 • 장화: 주인공 • 홍련: 주인공	무현(아버지) 은주(새엄마) 수미(장화) 수연(홍련) • 아버지: 욕망의 대상 • 계모: 증오의 대상 • 친모: 공포의 대상 • 장화: 욕망의 주체 • 홍련: 죄책감의 대상
	배경	평안도 철산	시골의 어느 외딴집

💡 우리가 일상생활에서 접하는 언어, 이미지, 동영상 등이 모두 기호로 분석될 수 있다. 독자들 각자 한 가지 사례들을 들고 그것을 위에서 소개된 접근 방법들을 이용하여 분석해보도록 하자.

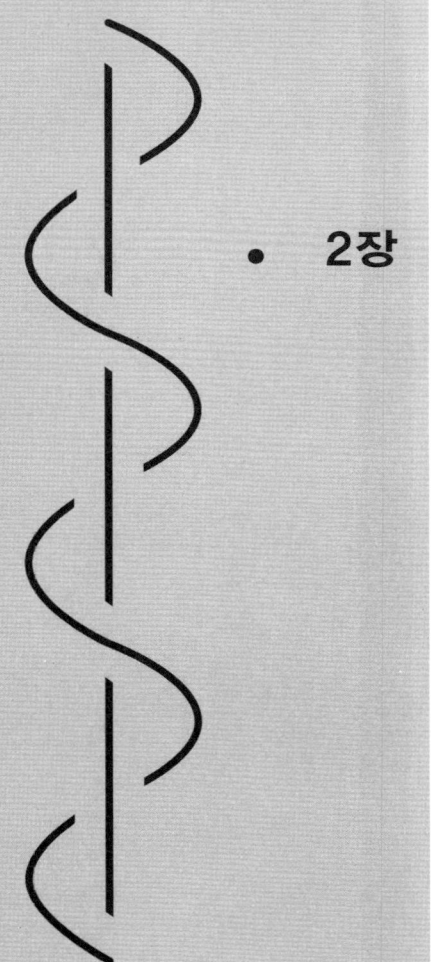

2장 서사구조 분석 모델

분석모델은 이야기들의 특징들을 정형화된 구조로 설명하고 있다. 때로는 한가지 구조로만 설명되는 이야기도 있지만 여러 가지 구조로 설명되는 경우가 대부분이다. 다음에서는 5가지의 대표적인 스토리 구조 모델들을 살펴보기로 한다.

1. 피라미드 모델 - Gustav Freytag

아리스토텔레스는 그의 저서 '시학'에서 드라마를 구성하는 삼각형 구조를 제안하였다. 그 구조의 핵심은 시작과 중간과 마지막으로 구성된다. 아리스토텔레스의 극적 구조는 오랜 세월 정설로 자리 잡았는데, 구스타프 프라이탁Gustav Freytag은 이 구조에서 삼각형의 구도는 유지하되 5가지의 핵심 요소를 배치한 다음과 같은 스토리 구조를 제안하였다.

Gustav Freytag

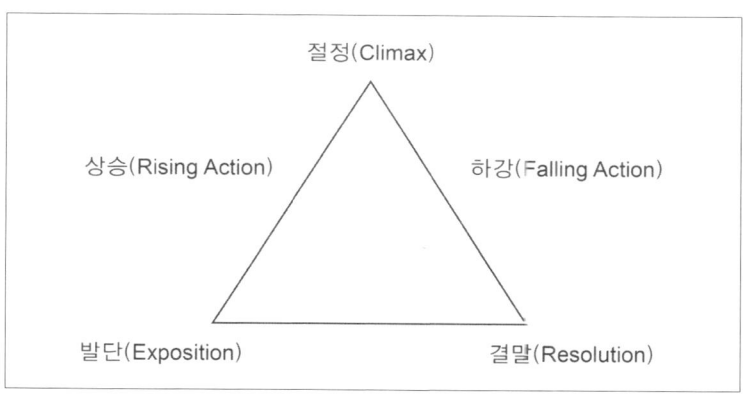

[그림 2.1] 프라이탁의 스토리 구조

'발단'이란 전개될 내용의 배경을 제시하고 앞으로 전개될 등장인물 간의 갈등의 원인을 소개하는 부분이다. '상승'은 극적 정점에 다다르는 과정에서 제시되는 일련의 사건들로 구성되며 등장인물들 사이의 갈등이 고조되어 가는 부분이다. '절정'은 등장인물, 특히 주인공의 운명이 극적으로 전환되는 지점으로 비극에서는 행복한 삶을 살던 주인공이 비극적인 사건을 직면하게 되는 상황을 예로 들 수 있다. '하강'은 전체적으로 갈등이나 사건이 해결되어 가는 과정을 보여준다. '결말'은 모든 갈등이나 사건이 주인공의 입장에서 긍정적 또는 부정적으로 해결되는 부분이다.

2. 캐릭터 기능 모델 - Vladimir Propp

Vladimir Propp

러시아의 민속학자인 블라디미르 프로프Vladimir Propp는 러시아의 민담을 연구하여 민담의 특징과 서사적 구조에 대한 분석을 제시하였다. 앞서 소개한 스토리텔링의 구조 모델들은 서사구조를 사건의 흐름과 과정을 요소로 해서 분석하였다면, 프로프의 모델은 등장인물들의 역할과 기능을 중심으로 스토리를 분석하였다. 우선 그는 등장인물들의 공통적인 기능들을 31가지로 분류하였고, 러시아 민담, 특히 마법담fairy tale은 결여에서 출발하여 여러 중간 기능들을 거쳐 악행의 처벌과 결여의 충족, 또는 대조적으로 불행에 이르는 결말로 전개된다고 주장하였다.

그의 분석에 따르면 다음과 같은 등장인물들이 예시된 역할을 수행하는 방식으로 이야기가 구성된다.

프로프의 모델은 민담을 분석할 원리로 제시되었고, 이 모델에서는 민담의 주제와 등장인물들에 초점을 맞춘 이야기의 형태론적 문법이 그 중심이 된다. 그의 분석은 다음에서 볼 알기르다스 줄리앙 그레마스Algirdas Julien Greimas의 행위소 모델로 발전된다.

<표 2.1> 프로프 모델의 예

등장인물의 유형	형태/기능
영웅	서사를 이끄는 주인공으로, 대개의 경우 무엇인가를 찾거나 탐험하고 문제를 해결하려 노력하고 이를 통해 성공하려 한다.
악당	주인공과 대립하며 투쟁하여 주인공이 이루고자 하는 바를 못 이루게 한다.
증여자	주인공에게 무기나 지혜 등을 제공한다.
조력자	주인공의 여정을 함께 하며 도움을 준다. 그러나 주인공보다 대체로 능력이 떨어진다.
공주	주인공의 성취의 대상으로서 대개의 경우 찾고자 하는 물건이나 보상의 형태를 갖는다.
파송자	주인공으로 하여금 모험을 떠나도록 한다. 보통 왕이 영웅에게 과제를 주며 그 역할을 한다.
가짜 영웅	거짓 행동을 하여 영웅처럼 보이며, 공주의 아버지로부터 인정을 받는다.

3. 행위소 모델 - Algirdas Julien Greimas

알기르다스 줄리앙 그레마스Algirdas Julien Greimas는 이야기의 의미가 생성되는 경로를 심층구조, 표층구조, 담화구조의 세 단계로 나누었다. 그레마스는 구조주의 언어학의 이론과 궤를 같이하여 의소seme를 기준으로 심층구조를 나눴다. 의소는 의미의 최소단위로,

Algirdas Julien Greimas

인간성과 동물성 등 의미의 변별적 자질이 그 기준이 된다. 의소들은 심층구조에서 대립, 모순, 또는 연루 관계로 연결이 된다.

심층구조 다음 단계의 표층구조가 바로 행위소 모델The Actantial Model이 적용되는 단계이다. 앞서 심층구조에서 의미자질들의 관계성이 보다 구체화 되는 단계가 표층구조인데, 이 층위에서는 의미자질보다 구체화된 여섯 가지의 행위소가 세 가지 축에서 관계를 형성한다. 이를 도식화하면 다음과 같다.

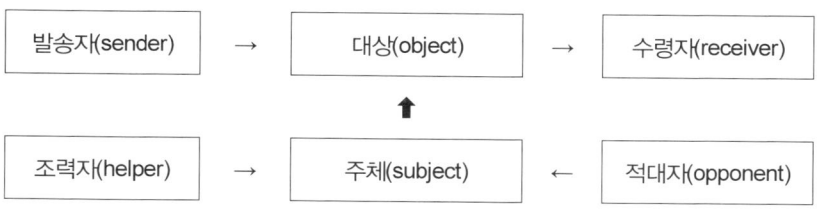

[그림 2.2] 표층구조 단계의 여섯 가지 행위소의 관계

위의 도식에서 주체와 대상의 관계 축은 '욕망desire'이 기본이 되며, 주체는 대상을 얻거나 대상으로 치환된 목적을 달성하기 위한 욕망 실현의 행동을 하게 된다. 조력자와 적대자의 관계는 '권력power'이 기본이 되며, 조력자는 주체가 욕망을 실현하도록 도와주지만, 적대자는 그 실현을 막고자 한다. 마지막으로 발송자와 수령자의 관계는 '전달transmission'이 기본이 되며, 발송자는 주체로 하여금 대상을 매개로 요청이나 지시를 따르게 하고 수령자는 주체의 욕망 실현 행위의 결과로 그 요청이나 지시의 성과를 부여받게 된다.

4. 드라마티즘 - Kenneth Burke

미국의 담화분석가이자 수사학자인 케네쓰 버크Kenneth Burke는 우리의 일상이 일종의 드라마라고 보고 우리는 드라마화된 삶을 살아가며 본능적으로 그 틀 안에서 행동 방식이 정해지고 관찰된다고 주장하였다. 우리의 삶 자체가 드라마라면, 우리의 일상에서 벌어지는 모든 일은 드라마적 구조로서 파악될 수 있을

Kenneth Burke

것이다. 버크의 분석 비평 방법을 드라마티즘Dramatism이라고 하며, 이것은 다음과 같이 육하원칙과 유사한 다섯 가지 요소Pentad로 구성된다.

- 행위(Act): 무슨 일이 일어났는가? 무슨 일이 일어나고 있는가? 어떤 생각을 가졌는가?
- 배경(Scene): 행위가 어디에서 일어나는가? 그 배경상황은 무엇인가?
- 행위자(Agent): 행위와 관련된 사람들은 누구고 그들은 어떤 역할을 하는가?
- 행위수단(Agency): 행위자들은 어떤 수단을 이용하여 어떻게 행동하는가?
- 목적(Purpose): 행위자들은 왜 그렇게 행동하는가? 그들은 무엇을 원하는가?

위의 요소는 각기 쌍을 이룰 수 있는데, 그 경우 각 요소 간의 비율ratio이 존재하며 그 비율의 차이가 결국 요소 간의 서열hierarchy을 만들어내고, 결국 서열 관계를 통해 작가의 의도를 파악할 수 있다(박성희, 2017).

버크는 궁극적으로 스토리 분석의 초점을 동기motive에 맞추고 있다. 우리가 일상생활에서 하는 언행들에는 반드시 이유가 있으므로, 스토리에 등장하는 행위자를 규정하고 행위자의 행위 동기를 파악하면 스토리의 구조와 의도가 밝혀질 수 있다고 주장한다. 그는 저서 *The Philosophy of Literary Form*에서 히틀러의 글과 연설문들을 분석하여 어떻게 선전과 선동이 이루어지며 그의 행동의 동기가 무엇인지를 수사학적으로 연구했는데, 이후로 특히 정치적 수사(修辭)에 대한 분석에서 버크의 모델이 자주 사용되고 있다.

5. 균형 모델 - Tzvetan Todorov

불가리아 출신의 구조주의 문학이론가인 쯔베탕 토도로프Tzvetan Todorov가 제안한 균형 모델The Equilibrium Model에 따르면, 모든 서사는 공통적으로 균형상태 equilibrium가 불균형상태disequilibrium로 되었다가 새로운 균형상태로 전개되는 과정을 담고 있다고 주장하였다. 그는 이와 같

Tzvetan Todorov

은 전개 과정을 보다 세분화해서 다음과 같은 다섯 단계의 서사 구조를 제안하였다.

<표 2.2> 토도로프의 균형모델: 다섯 단계의 서사구조

단계	상황
1단계: 균형 (Equilibrium)	스토리의 시작이며 이 단계에서는 대다수의 등장인물들이 일상적인 모습을 보인다.
2단계: 불균형 (Disequilibrium)	어떤 문제가 발생하여 갈등이 생기고 조화로운 일상이 깨지기 시작한다.
3단계: 인지 (Recognition)	등장인물들이 혼란스러운 상황에 놓이게 되고 문제를 인지한다.
4단계: 조치 (Repair)	등장인물들이 문제 상황을 해결하기 위해 노력한다.
5단계: 새로운 균형 (New Equilibrium)	문제가 해결되고 새롭게 균형상태에 이르게 된다.

이와 같이 토도로프는 대부분의 서사 구조는 시간의 흐름에 따라 펼쳐지고 이 과정은 하나의 행위가 다른 행위의 원인이나 결과로 나타나는 인과관계가 특징이라고 주장하였다. 새롭게 형성된 균형상태는 또다시 파격적인 사건의 발단이 될 수 있다는 점에서 이 단계적 구조는 순환적 구조를 갖는다고 할 수 있다.

그의 이론을 바탕으로 다음과 같은 질문들을 던지고 그 답을 찾으면 그가 의도한 서사 구조의 분석이 가능하게 된다.

- 이야기의 시작단계에서 제시된 균형상태는 어떠한가?
- 어떤 사건이 파격적인 상황을 만드는가?
- 언제 그리고 어떻게 파격적인 갈등의 상황이 나타나는가?
- 파격적인 상황으로 인해 어떤 불균형상태에 놓이게 되는가?
- 다시 균형상태를 만들기 위해 어떤 노력을 하는가?
- 어떻게 새로운 균형상태가 완성되는가?
- 어떤 새로운 균형상태가 완성되는가?

🔹 독자들도 최근에 본 소설이나 영화 또는 드라마 중 한 편을 골라 위와 같은 질문을 통해 이야기의 구조를 파악해보면 나름의 패턴을 발견하게 될 것이다. 특히 여러 편으로 이루어진 시리즈물에서는 위의 단계 중 어디서 각 에피소드가 시작하고 끝나는지를 살펴보는 것도 흥미 있는 일일 것이다. 다음의 요리놀이를 가장 잘 설명하고 있는 서사 모델은 무엇일까?

서사구조 분석 연습 | 요리놀이

학교 점심이 하루 중 가장 맛없고 지루한 시간이 될 이유가 없어요. 바삭바삭하고 크림을 듬뿍 넣은 맛있는 야채 요리로 멋진 시간을 가져 볼까요?

자, 요리 시작합니다!
혹시, 집에 남은 치킨이나 칠면조 있어요? 있다면 가든 치킨 랩을 만들 수 있어요.
어떻게 만드는지 볼까요?

[그림 2.3] 치킨 랩

먼저, 얇고 네모난 짭짤한 고기 랩을 도마에 올려놓으세요. 그곳에 닭고기를 두 쪽으로 나누어 각각의 랩에 올려놓습니다. 당근, 아보카도, 시금치도 집어넣어요. 어떤 아이들은 시금치에 대한 끔찍한 말들을 하고 있지만, 단순히 잘못 알고 있는 거예요! 시금치는 여러분을 힘세고 예쁘게 만들어 줍니다. 모든 종류의 비타민이 가득 들어있으니까요. 음, 아직도 시금치 넣을 기분이 아니라면 바삭바삭한 오이를 얇게 썰어 넣으세요. 좋아하는 채소나 고기를 추가해도 됩니다. 그리고 랩 위에 골고루 크림을 뿌려 주시면 됩니다.

네. 다 되었습니다. 고기 랩을 둥글게 그리고 단단히 싸서 잘라 주세요. 칼을 사용할 때는 조심해 주세요! 손가락이 언제든지 베일 수 있어요. 무척 아프겠죠. 주변에 어른이 있으면 도와 달라고 하세요.

가든 치킨 랩! 이제 바로 먹을 수 있어요. 음… 옆의 친구들과 나눠 먹고 싶어요? 아니죠? 남은 음식은 냉장고 구석에 넣어 주세요. 저녁에 또 먹지요. 잠깐, 조심하세요. 주위에 동생이 있는지 확인하시고 깊은 곳에 보이지 않게 넣어 주세요.

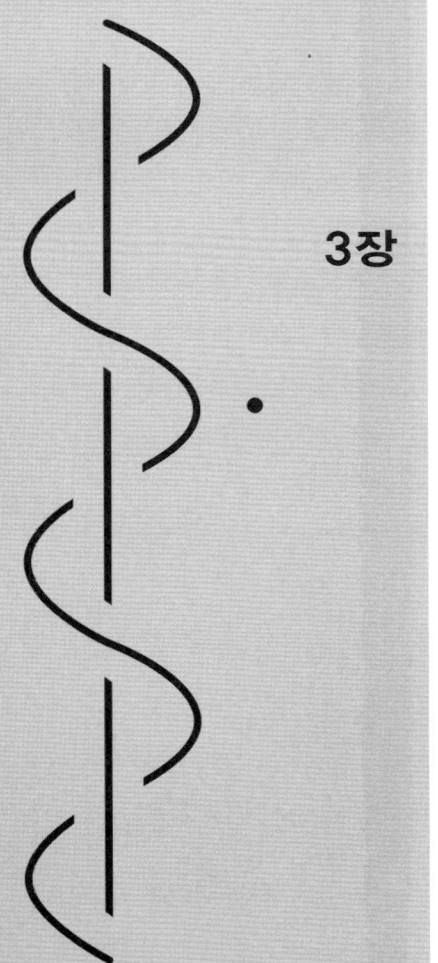

3장 등장인물: 캐릭터

이야기에는 주체적이거나 대상적인 인물들이 등장한다. 각각의 인물들이 나름의 독특한 역할을 수행하는 과정이 바로 이야기의 전개다. 등장인물들은 캐릭터를 부여받아 인물의 특징이 이야기의 주요 요소로 작용하는데, 이 장에서는 캐릭터의 특징과 역할 등을 살펴보기로 한다.

1. 캐릭터의 특징

캐릭터는 이야기 세계에서 행위를 통해 이야기를 전개하는 중요한 요소다. 캐릭터는 극중 나타나는 표면적으로 관찰되는 요소뿐 아니라, 마치 살아있는 인물처럼 성격, 신념, 습관, 출신 배경과 같은 심층적이며 정신적인 요소를 통해 독자가 이야기에 집중할 수 있도록 도와준다. 여러 가지 캐릭터 중 소위 '주인공'으로 표현되는 주요 인물들은 다른 캐릭터보다 중요하며 이러한 캐릭터를 구성하려면 요구되는 특징들이 있다. 우리에게 이미 익숙한 특성을 가진 캐릭터들이 반복되기도 하며, 때로는 생소하지만 아주 생동감 있는 캐릭터가 나오기도 한다. 이러한 캐릭터는 특정한 과정을 통해 구성 또는 분석될 수 있다.

예를 들어 동화에서 나오는 캐릭터를 구분하기 위한 방법 중 하나는 더함(+)과 덜함(-)을 통한 것이다. 이러한 더함과 덜함의 기준은 예를 들어 지식, 외모, 행위가 될 수 있다. 대부분의 이야기에서 주인공은 특별한 능력을 가지는 편이지만, 때로는 아주 평범한 인물 또는 다른 캐릭터에 비해 열등한 존재가 주인공이 되는 경우도 있다. 중요한 것은 캐릭터들이 주어진 특징을 통해 조화하거나 대립함으로써 이야기가 전개된다는 것이다.

디즈니의 백설공주를 예로 들면 지식, 외모, 행위의 더함과 덜함을 통해 캐릭터를 구분 지을 수 있다. 악인으로 나오는 마녀는 지식(마법)은 뛰어나지만 외모와 행위가 질적으로 떨어진다. 그와 반대로 백설공주는 지식(순수)이 떨어지지만 외모를 갖추고 있으며 행위가 선하다. 이것을 덜함과 더함의 기준으로 나타내면 아래와 같다.

<표 3.1> 더함과 덜함을 이용한 백설공주 캐릭터 분석

인물 \ 특성	지식	외모	행위
마녀	+	-	-
백설공주	-	+	+

이렇게 캐릭터들은 서로 다른 특성을 가짐으로 차이를 통해 서로 대립하며 극화되는 과정을 거친다. 다음에서는 대표적인 캐릭터의 종류를 살펴보자.

2. 전형적 캐릭터

 캐릭터의 보편성은 독자가 쉽게 캐릭터를 이해할 수 있게 한다. 스토리를 예측 가능하게 하는 평범한 등장인물들로서, 보편적인 캐릭터를 일정한 위치에 배치함으로써 보다 명확한 이해의 틀을 제공하는 것이다. 이를 통해 캐릭터의 역할과 관계구도를 뚜렷하게 하여 독자가 빠르게 이야기에 집중하고 몰입할 수 있게 해준다. 미에케 발Mieke Bal은 전형적 캐릭터의 등장과 갈등이 독자로 하여금 스토리 속 인물 간 관계를 이해시키는 데 효과적이라고 보았다.
 2장에서 살펴본 그레마스의 '행위소 모델'은 캐릭터의 분석에 유용하게 적용되므로 여기서 다시 한번 살펴보기로 한다. 이 모델에서는 등장인물을 '행위'로 축소했는데 이것은 프로프의 일곱 가지 인물을 여섯 가지 '행위소actant'로 재구성하여 '행위자acteur' 개념과 구별한 것이다. 미에케 발은 스토리세계의 이해를 위해 성격적 자질을 가진 '행위자acteur' 개념보다 기능과 역할을 명시적으로 드러내는 '행위소actant' 모델을 선호하였다. 리몬-케넌Rimmon-Kenan은 캐릭터의 행위 종속 여부에 대하여 인물은 어느 정도의 전형성만 드러내면 된다고 보았다. 다시 말해서, 캐릭터의 전형적 역할과 관계구도는 독자들이 스토리를 수월하게 이해하도록 돕는 역할을 한다는 것이다.
 그레마스의 모델을 보면 '주체'가 '대상'에게 특정한 '행위'를 실행하는데, 이는 프로프의 모델에서 영웅이 공주를 추구하는 행위와 같다. 서사문법적 관점에서 서사란 '영웅이 악당을 이기고 공주를 얻는다'는 S + V + O 문형의 반복으로 대상을 향한 주체의 추구와 관련되어 있다. 2장에서 소개한 도식을 캐릭터 관련 설명을 위해 아래에 다시 제시한다.

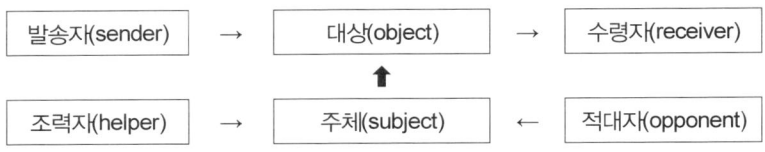

[그림 3.1] 그레마스의 여섯 가지 행위소 관계도

주체와 대상의 S-O 축을 중심으로 지식이나 가치를 제공하는 '발송자'와 수혜를 받는 '수령자', 주체를 도와주는 '조력자'와 방해하는 '적대자'가 주요 구성요소가 된다. 주체와 대상은 '욕망'으로, 발령자와 수령자는 '전달' 방향으로, 조력자와 적대자는 '힘'으로 구조화된다.

위와 같은 요소들의 관계 축을 중심으로 캐릭터를 살펴보면 다음 세 가지의 특징적인 면을 언급할 수 있다.

- **욕망의 축** : 어떤 새로운 스토리라도 이와 같은 모델을 크게 벗어날 수는 없다. 그러나 이런 구도를 만들기 위해서는 영웅이 대상을 쟁취하기 위해 부단히 노력해야 한다. 대상은 물리적일 수도 추상적일 수도 있다. 영웅은 대상을 갈구하지만 그것을 쟁취하는 데 어려움이 따라야 한다. 욕망의 대상에 대한 의지가 클수록 쟁취에 실패했을 때 좌절감도 크다. 따라서 영웅의 성격적 자질을 구체화하기 전에 명확한 욕망의 대상을 부각할 필요가 있다.

- **힘의 축**: 독자의 몰입을 위해 스토리에 필요한 또 다른 요소는 갈등이다. 갈등은 개인적 갈등일 수도 있고, 사회적 갈등일 수도 있다. 내면에 존재하는 철학적 갈등일 수도 있고 종교적 갈등일 수도 있다. 하지만 갈등은 보통 적대자의 모습으로 구체화된다. 따라서 적대자라는 전형성을 갖고 있는 캐릭터는 대단히 중요하다. 적대자의 반대편에는 힘의 불균형을 완화하는 조력자가 있다. 적대자와 조력자의 힘의 대립은 균형감이 있게 유지되어야 하고 스토리 종반에 이르러 힘의 균형이 깨지고 승자와 패자가 결정된다.

- **전달의 축** : 영웅의 행동이 정당하기 위해서 그 행동은 사회적 가치와 선에 부합해야 한다. 이를 통해 독자는 영웅의 행동에 공감하고 결과에 만족한다. 예를 들어 왕은 발송자로 위기에 처한 왕국의 안위나 납치된 공주의 구조를 영웅에게 요청한다. 그 가치의 수령자는 왕국의 구성원 모두일 수도 있고, 왕일 수도 있고, 영웅 자신일 수도 있다.

3. 입체적 캐릭터

어떤 이야기가 뻔한 캐릭터, 진부한 스토리, 반복된 구조를 담고 있다면 그 이야기를 접하는 독자는 그것에 매력을 느낄 수 없다. 특히 캐릭터가 어떤 면에서라도 독창적이지 않으면 파격적인 주제나 독특한 서사구조를 가진 이야기라고 해도 그리 흥미롭지 않을 것이다. 입체적 캐릭터는 불변의 성격이나 일관된 행동을 보이지 않고, 유동적이고 다면적인 존재로 스토리에 생명력을 불어넣고 관객에게 생생한 인상을 주는 캐릭터다. 이와 같이 단순한 성격을 지닌 전형적이고 보편화된 캐릭터가 아닌 풍부하고 다양한 성격의 깊이를 드러내는 캐릭터를 '입체적 캐릭터'라고 한다. 주어진 역할만 수행하는 캐릭터가 아닌 내면에 수많은 의식과 모순된 다양한 목소리가 존재하는 '다성적polyphonic 캐릭터'가 하나의 예가 될 수 있으며, 이러한 입체적 캐릭터의 개성을 통해 사람들에게 신선함과 흥미를 일으킬 수 있다.

■ 다성적 캐릭터

미하일 바흐친Mikhail Bakhtin은 다성적 캐릭터를 생성과정에 있는 수많은 목소리의 '교차과정'이라고 정의한다. 즉, 완결된 성격으로 불변하거나 이야기 속에서 새로운 의미 생성을 멈추는 것이 아니라, 이야기 흐름에 따라 성격적 변화와 서사의 깊이를 발생시키는 캐릭터를 말한다(Clark & Holquist, 1984).

어떤 동기가 왜 만들어졌는지, 그 동기로 인해 어떤 욕망을 가졌는지, 그리고 그 결과로 어떤 성격적 특징을 브이는지를 결정하는 것은 근원적 본질이 아닌 중층적 교차과정이고 이 과정을 통해 다성적 캐릭터가 창조된다. 소설을 예로 들면 서술자narrator나 캐릭터가 다양한 인물의 언어와 시점을 녹여 내거나 표현하는 경우가 이에 해당한다. 사회적 맥락에서 보면 사람은 항상 다성적 캐릭터의 가능성을 가지고 있다고 말할 수 있다. 성격 도출 방식이 급격하게 변화하는 경우나 모순적 성격 때문에 갈등이 발생하는 상황에서 인지할 수 있듯이 사람은 다양한 목소리 교차과정의 결과물이고 입체적round 캐릭터의 자질을 언제나 가지고 있다.

바흐친의 이론이 중요한 의미를 갖는 이유는 다수의 목소리, 나아가 사회적 담론으로서 캐릭터를 보게 되었다는 점에 있다. 프로프나 그레마스는 캐릭터를 플롯을 보조하는 기능적 요소로서 이해했지만, 바흐친의 캐릭터는 플롯 속에서 하나의 고정된 역할이 아니라 서사의 흐름과 문화적인 배경에 따라 다양한 목소리들을 생성하는 캐릭터로 창조된다.

18세기 영국인 대부분은 동일한 종교를 가지고 있었다. 모든 세속적 삶은 선과 악의 치열한 투쟁으로 이루어쳐 있고 궁극적으로 절대자의 재림과 심판을 강조하는 기독교적인 종말론에 귀결한다. 하지만 이는 개인의 캐릭터를 형성하는 하나의 교차지점에 불과하고 아무도 완전하고 확정된 캐릭터로서 존재하지 않았다고 할 수 있다. 현대사회에서는 이러한 교차지점이 중첩하며 더욱 복잡한 교차과정을 통해 캐릭터가 형성되고 있음을 보여준다.

다성적 캐릭터 사례를 꼽아보면 드라마 <내 이름은 김삼순>의 주인공 김삼순을 들 수 있다. 이 드라마의 성공은 주인공 김삼순의 캐릭터가 일조하였다. 김삼순은 외모 콤플렉스와 히스테리가 가득한 노처녀로 보이지만, 사실은 자신의 감정에 솔직하고 내면의 목소리를 경청하는 30대 여성의 모습으로 시청자의 공감을 끌어냈다. 즉, 그녀가 지닌 감정, 태도, 성격으로 인해 독특하고 입체적인 캐릭터가 구축되었다고 할 수 있다. 그녀의 성장 환경, 외적 이미지(노처녀)가 아닌 캐릭터 내면의 가치와 갈등이 대중들이 김삼순을 생생한 캐릭터로 인식하게 하는 견인차 역할을 하였다.

[그림 3.2] 드라마 <내 이름은 김삼순>

4. 고유한 캐릭터

　사람의 첫인상은 만난 지 5초 안에 결정되고 뇌리에 박혀 오랜 기간 지속된다고 한다. 우리는 준거의 틀frame of reference을 가지고 짧은 시간에 주변 사람을 판단하는데 이미 결정된 첫인상을 바꾸는 것은 상당한 시간을 필요로 한다. 미에케 발Mieke Bal은 사람은 자신이 속한 집단의 가치, 태도, 신념을 자연스럽게 받아들이는 경향이 있어 이를 통해 캐릭터를 판단하고 행동 양식을 예측한다고 말했다. 대중은 이러한 준거의 틀을 벗어난 인물을 고유하거나 색다르거나 혹은 엉뚱하게 인식하게 된다. 어떤 유형의 캐릭터는 다양한 스토리에 의해 반복적으로 대중에게 노출되고 인식에 각인되어 상상력을 전혀 자극하지 못한다. 스토리에는 많은 캐릭터가 등장하게 되는데 모두 흥미롭고 새로운 인물일 필요는 없다. 전형적 캐릭터의 등장은 스토리를 빠르게 파악하는 데 도움을 주고 고유한 캐릭터는 상상력의 불씨를 키워 독자의 마음을 활활 타오르게 한다.

　전형적 캐릭터가 준거의 틀로 쉽게 재단할 수 있는 경우라면, 준거의 틀에 맞지 않는 캐릭터를 고유한 캐릭터라 부른다. 고유한 캐릭터 사례를 꼽아보면 <아이언맨>의 토니 스타크를 들 수 있다. 백만장자 사업가면서 정크 푸드를 좋아한다거나 따뜻한 마음을 가지고 있지만 무례하게 말하고 강한 멘탈의 소유자이지만 여성에게 약한 바람둥이로 도무지 준거의 틀에 맞추어 예단할 수 없는 고유

[그림 3.3] TV 오락 <무한도전>

한 캐릭터의 조건을 갖추고 있다.

  캐릭터는 장르에 대한 단서를 제공하는 장치 중의 하나로 이해할 수 있다. 카우보이 모자를 쓴 백인 남자와 아메리카 원주민은 서부극 장르마다 존재하는 고정된 캐릭터로 인물을 통해 장르를 예측할 수 있다. 여기서 뻔한 캐릭터의 새로운 조합과 변형된 장르의 도입을 생각해 볼 수 있다. 준거의 틀을 깨뜨려 색다른 캐릭터를 만드는 방법 중 하나는 익숙한 캐릭터의 색다른 조합을 통해 서로를 차별화하고 스토리 장르에 다양성을 제공하는 것이다.

  고유한 캐릭터로 재탄생하는 과정을 볼 수 있는 사례로 TV 오락 프로그램인 <무한도전>을 들 수 있다. 예전의 오락 프로그램은 멋지고 능력 있는 캐릭터를 가진 스타 연예인이 출현해 불가능해 보이는 상황을 해결해 시청자에게 감동을 주는 형식의 버라이어티 쇼들이 많았다. 이와 반대로, '대한민국 평균 이하'의 못난이 조합을 표방하면서도 "그나마 이 중에선 내가 낫다"며 경쟁을 벌이는

<무한도전>의 캐릭터에 시청자들은 그들을 익숙한 연예인이 아닌 엉뚱한 친구로 느끼고 열광한다.

5. 고정인물

고정인물이란 전형적인 장르나 캐릭터의 일관된 행동에 의해 관객에게 친숙해진 등장인물의 유형들을 말한다. 우리는 이미 수많은 영화나 드라마에서 이러한 캐릭터들을 보았으며 익숙해져 있다. 쉽게 말하면 안 봐도 뻔한 성격의 등장인물을 말하는 것이다. 이러한 캐릭터들은 대부분 정형화되어 있으며 문화적인 영향을 받아서 형성된 것이다. 지금부터 다양한 고정인물들을 살펴보자.

■ 위험에 빠진 아가씨(Damsel in Distress)

작품의 여주인공에게서 가장 흔하게 볼 수 있는 캐릭터 유형이다. 요즘 한국 드라마의 여주인공은 이러한 특징을 가진 캐릭터를 많이 탈피했지만 과거 90년대 한국 드라마의 여자 주인공들은 이러한 특징을 가진 캐릭터가 많았다. '위험에 빠진 아가씨'는 예쁘고 순진하며 젊은 여성 캐릭터다. 이 여성은 여러 가지 이유로 인해서 위험에 빠져있다. 그녀는 '마녀Witch/Hag' 캐릭터에 의해서 위험에 빠지게 되거나 아니면 가난 등의 환경적인 이유로 위험에 처해 있다. 그녀를 구하는 것은 언제나 '백마 탄 왕자님Prince Charming'이다. 우리가 어릴 때 본 디즈니 애니메이션의 <인어공주>, <백설공주>, <잠자는 숲속의 공주> 같은 동화 속 여자 주인공들이 대표적인 예다. 전 세계적으로 한류 열풍을 만들어낸 드라마 <가을동화>, <겨울연가>의 여주인공들도 이 캐릭터에서 크게 벗어나지 않는다.

■ 마녀(Witch/Hag)

동화 속에서 '위험에 빠진 아가씨'를 위험에 빠트리게 하는 장본인이다. 그들의 특징은 매우 뻔하다. 큰 코에 곳생긴 얼굴, 그리고 쭈글쭈글한 피부까지 정형화되어 있다. 백설 공주에게 사과를 주는 나쁜 왕비를 떠올리면 될 것이다. 이러한 캐릭터는 애니메이션에서 자주 볼 수 있다. 일본 애니메이션, 미야자키 하야오 감독 작품인 <센과 치히로의 행방불명>이란 작품을 도면 주인공 치히로에게 일을 시키는 목욕탕의 주인인 유바바라는 캐릭터가 바로 전형적인 마녀 캐릭터다. 이러한 캐릭터들은 애니메이션 속에서 신비한 지식이나 힘을 가지고 마법을 쓰곤 한다. 유바바도 마찬가지다.

■ 요부(Vamp)

매혹적이면서 부도덕한 여인을 말한다. '요부'는 조지프 러다어드 키플링Joseph Rudyard Kipling의 시 <뱀파이어>를 영화화한 <광대의 천국A Fool There Was>(1914)에서 씨어 바라가 연기했던 여인 역할에서 생겨난 캐릭터로서 팜므 파탈과 비슷한 의미의 캐릭터다. 이 캐릭터의 특징은 외형은 섹시하면서도 내면은 매우 비정하다는 것이다. '요부'는 그녀의 매력을 이용해서 남자를 유혹하고 개인적인 이득을 얻는다. 이 단어는 뱀파이어 영화에서 여자 뱀파이어들을 지칭하는 단어이기도 하며 최근에는 뱀프룩Vamp look이라고 하는 하나의 패션을 지칭하는 단어로도 쓰인다.

■ 팜므 파탈(Femme Fatale)

남성을 유혹해 죽음이나 고통 등 극한의 상황으로 치닫게 만드는

'숙명의 여인'을 말한다. 이 여인에게 다가가면 다가갈수록 상처를 입게 된다. 자신의 연인을 위험한 상황에 처하게 만들어 버리는, 그럼에도 불구하고 미워하기에는 너무나 매혹적인 여자다. 성경에서는 헤롯 왕을 유혹해서 세례자 요한의 목을 달라고 한 살로메, 영화에서는 <원초적 본능>에서 샤론 스톤이 연기한 캐릭터를 그 대표적인 예로 들 수 있을 것이다. 여자의 경우가 팜므 파탈이라면 남자는 옴므 파탈L'homme fatale이라 한다. 잘생긴 외모를 이용해서 여자를 유혹해서 자신의 이득을 챙기고 여성을 파멸로 이끄는 캐릭터다. 영화 <델마와 루이스>에서 브래드 피트를 떠올리면 될 것이다.

■ 말괄량이(Tomboy)

여자임에도 남자처럼 옷을 입고 털털하게 행동하는 캐릭터다. 어린이 만화에서 자주 나오는 캐릭터로 일본 만화 <캔디 캔디>의 주인공 캔디, 독일 드라마 <말괄량이 삐삐>의 주인공 삐삐 같은 주인공들을 떠올리면 된다. 그들은 여성임에도 남자들이 하는 역동적인 스포츠나 거친 행동을 꺼려하지 않는다.

■ 백마 탄 왕자(Prince Charming)

잘생기고 로맨틱한 남자이며 '위험에 빠진 아가씨'를 위험에서 구하는 인물이다. 한국 드라마의 대부분의 남자 주인공들은 한동안 이 캐릭터에서 벗어나지 못한다. '백마 탄 왕자'는 부잣집 아들이고 잘생겼으며 위험에 빠진 여주인공을 곧잘 구해준다. 드라마 <시크릿 가든>에서 남자 주인공 역을 한 배우 현빈 역시 성격만

까칠할 뿐 이 캐릭터에서 크게 벗어나지 않는다. 이 캐릭터를 패러디한 경우가 있는데, 미국 애니메이션 <슈렉>이 그 예다. 영화 <슈렉2>에서는 이 캐릭터를 패러디하여 왕자의 이름을 아예 'Prince Charming'이라 지었다. 그러나 영화의 'Prince Charming'은 이름과 멋진 외모만 같을 뿐 마마보이의 성격을 보여주며 외모지상주의의 동화 속 가치관을 무너뜨린다. 영화는 결국 '위험에 빠진 아가씨'를 차지하는 것이 왕자가 아니라 괴물 슈렉이라는 설정을 통해 우리에게 웃음을 준다.

■ 바람둥이(Don Juan/Playboy)

잘생기고 로맨틱한 남자가 여러 여성을 속여서 자신에게 빠지게끔 하는 캐릭터다. 돈 주앙은 스페인의 전설적인 바람둥이의 이름이다. 이들은 진실한 사랑을 하기보다는 여기저기에 자신의 사랑을 뿌리고 다닌다. 그들은 습관처럼 여인들과 쉽게 사귀었다가 금방 헤어지며 마치 바람처럼 여인들을 스쳐 지나간다. 한 사람에게 정착하지 못하고 계속 새로운 여인을 찾는다.

■ 그림자(Shadow)

주인공의 캐릭터 안에서 억압되거나 혐오대상인 캐릭터를 뜻한다. 영화 <스타워즈>에서 아나킨 스카이 워커는 그림자의 힘이 강해지는 바람에 결국 어둠의 포스의 세계로 빠지게 되고 다스 베이더가 된다. 영웅의 한 측면을 지나치게 강조할수록 그림자 역시 반대측면에서 그만큼 힘을 키우게 된다. 영화나 드라마에서 주인공이 가지고 있는 어두운 측면을 종종 상징한다. 주인공의 빛이 밝을

수록 그의 그림자는 짙다.

■ 지옥에 떨어진 영혼(Lost Soul)

자신이 저지른 과거의 문제 때문에 정신적인 문제가 생기고 이러한 문제들이 인생 전체에 영향을 미치게 된 캐릭터를 뜻한다. 영화 <스폰>이나 <고스트 라이더>의 주인공들이 대표적인 예다. 그들은 과거의 상처 때문에 악마에게 영혼을 팔게 되고 그 대가로 힘을 얻지만, 자신의 과거를 잊지 못하고 늘 괴로워한다. 상당수의 남성이 자신과 동일시하는 캐릭터다.

■ 흑기사(Black Knight)

보통 백기사의 반대 의미로 '암흑의 기운을 사용하는 기사'를 의미한다. 그들은 고독하며 관습이나 법에 구속받지 않는다. 일본 게임 판타지의 시작이라고 할 수 있는 <로도스도 전기>라는 소설 작품에서 '아슈람'이라는 흑기사가 나온다. 그는 어둠의 신에게 충성하고 괴물들을 부하로 삼고 전쟁을 일으킨다. 그는 자신의 힘만을 믿으며 자신에게 충성을 바치는 신하에게도 무조건적인 신뢰를 주지 않기에 그는 늘 외롭다. 그에게 있어서 절대적 가치는 힘이다.

■ 자유로운 영혼(Free Spirit)

주인공을 조력하는 역할을 많이 하는 캐릭터다. 흑기사처럼 법이나 관습에 얽매이지 않으며 코믹하거나 괴짜로 그려지는 경우가 많다. 이들 역시 혼자 자유롭게 세상을 돌아다니기 때문에 외로움을 느낀다. 예를 들면 중국 무협소설의 최고 작가인 김용의 작품

중 <소오강호>라는 작품에서 주인공인 영호충을 도와주는 풍청양이라는 캐릭터를 들 수 있다. 그는 주인공의 스승이자 조력자의 역할을 하며 신출귀몰해서 아무도 그가 어디 있는지 알지 못한다.

■ 보통사람(Everyman)

말 그대로 평범한 보통사람을 말한다. 주인공이 어느 장소에 도착했을 때 주인공을 쉬게 해주는 여관주인 같은 정말 평범한 역할의 캐릭터를 말한다. 가끔 그들은 특이한 환경에 놓여 영웅의 역할을 하게 된다. 전통적인 영웅의 범주에 들지 않은 반영웅적anti-hero인 캐릭터로 설정된다.

■ 끝장을 보는 사람(Over-reacher)

이 캐릭터는 자신의 능력을 넘어서는 목표를 향해 끝까지 노력한다. 또한 과도한 욕심 때문에 스스로가 희생되기도 한다. 여러 작품 속에서 주인공을 제외한 조연들은 아무리 노력해도 주인공을 이기지 못한다. 이 캐릭터를 가진 조연들은 주인공을 이기기 위해서 자신의 능력을 벗어난 일을 벌인다. 예를 들면 주인공과 싸워서 이기기 위해 조연 캐릭터가 금지된 약물을 복용하고 주인공을 이기지만 결국 그 약물로 인해 그의 육체가 파괴되는 경우 이러한 조연 캐릭터를 Over-reacher라고 할 수 있다.

■ 조수/부하/시녀(Sidekick/Underling/Handmaiden)

주인공과 동행하면서 주인공을 보조해주는 역할을 가진 캐릭터다. 애니메이션 <슈렉>에서 당나귀인 동키는 주인공 슈렉의 조수

이자 친구다. 그들은 주인공에게 절대적인 신뢰를 받고 있고 그들 역시 주인공에게 절대적인 충성을 바친다. 이런 캐릭터가 주인공을 배신하면 이야기는 새로운 국면에 접어들게 된다.

■ 친한 친구(Confidant/Best Friend)

영웅이 가장 신용하는 사람으로서 영웅 대신에 그의 생각을 말해주는 캐릭터다. 영화 <해리포터> 시리즈에서 등장하는 론과 헤르미온느 같은 경우로서 주인공의 가장 친한 친구이며 그가 말로 하지 못하는 괴로움과 고통을 다른 사람들에게 대신 말해주곤 한다. 이런 캐릭터는 굳이 사람이 아니라 개와 같은 동물일 가능성도 있다. 일본 애니메이션 <포켓몬스터>에서 피카츄는 사람이 아니지만 주인공 지우의 가장 친한 친구이자 동료다.

■ 여전사(Amazon)

그리스 신화에 나오는 여자 전사 종족에서 비롯된 말로서 강력한 힘을 가진 여자 전사들을 의미한다. 블리자드 게임 <디아블로2>의 아마존 캐릭터는 활이나 창을 사용해서 악마를 물리치는 강력한 여전사다.

■ 어릿광대(Buffoon/Clown)

이상한 외모와 행동으로 사람들에게 즐거움을 주는 캐릭터를 말한다. 피에로라는 대표적인 어릿광대를 상징하는 캐릭터가 있다. 상당수의 여성이 피에로 캐릭터에 공감하는 것은 남들 앞에서 겉으로는 웃고 돌아서서 홀로 우는 반복된 경험이 있기 때문이다.

■ 미친 과학자(Mad scientist)

위험하고 별난 과학을 악용하는 미치광이 과학자를 말한다. 자신이 가지고 있는 비정상적인 장치들과 책략을 가지고 나쁜 일을 꾸민다. 메리 셸리의 소설 <프랑켄슈타인>의 프랑켄슈타인 박사는 시체를 이용해 사람을 만드는 인물로 등장하여 미친 박사의 시작을 알렸으며, 그 이후 수많은 SF 영화에서 악당 캐릭터는 미친 과학자인 경우가 많았다. 예를 들면 코믹 스파이 영화 <오스틴 파워>의 악당 캐릭터 역시 미친 과학자인 '닥터 이블'이다.

■ 넋 빠진 교수/컴퓨터만 아는 괴짜(Absent-minded professor/Nerd)

이 캐릭터는 자기의 지식 세계에 집중해 있으며 세상의 활동과는 동떨어져 있다. 그들에게 있어서 가장 중요한 것은 자신이 골몰하고 있는 연구과제일 뿐이며 세상일은 상대적으로 그다지 중요하지 않다. 주인공에게 문제를 해결할 결정적인 단서를 주거나 문제를 해결할 수 있는 장비를 종종 제공한다. 영화 <백 투 더 퓨쳐>에 나오는 브라운 박사의 캐릭터가 대표적이다.

■ 희생양(Fall Guy/Scapegoat)

이 캐릭터의 특징은 그/그녀가 희생양이 된 다음에는 무슨 행동을 하든지 비난을 받게 된다. 심지어 다른 사람의 행동 때문에 일어난 일인 경우에도, 본인이 전혀 개입되지 않은 상황에서도 그들은 비난을 받는다. 그들이 하는 행동은 어설프고 다른 사람에게 웃음거리가 되는 경우가 많다. 종종 주인공이 작품의 마지막에서 본인 스스로 희생양이 돼서 다른 사람들을 구하는 경우도 있다. 영화 <아

마겟돈>에서 브루스 윌리스의 마지막 모습을 떠올리면 될 것이다.

■ 야생의 아이들(Feral Child)

이 캐릭터는 인간의 사회와 고립되어 성장했으며 인간이 느끼는 사랑이나 사회적인 삶의 경험이 매우 적다. 루디야드 키플링의 소설 <정글북>의 주인공인 모글리나 에드거 버로스의 소설 <타잔>의 주인공인 타잔이 이 캐릭터의 대표적인 예다.

■ 멋쟁이(Fop/Beau)

옷을 상당하게 신경 써서 입고 잘난 척하는 경향이 있는 캐릭터다. 그들은 좀 더 높은 신분으로 보이기 위해서 옷을 차려입는다. 영화 <모던 보이>에서 배우 박해일이 영화 초반에 보여주는 모습을 떠올려보라. 이들에게 있어서 옷은 자신의 내적 본질을 숨기는 가면이고 자신이 당당해질 수 있는 도구다. 허세남과 일맥상통하는 캐릭터다.

■ 살인로봇(Killbot)

매우 파괴적이고 위험한 로봇 캐릭터다. 가장 쉬운 예로 영화 <터미네이터1>에서 나오는 아널드 슈워제네거가 맡은 로봇을 상상하면 될 것이다. 유명한 미국 SF 소설가인 필립 K. 딕의 원작을 영화로 만든 리들리 스콧 감독의 <블레이드 러너>라는 작품 속에서도 인간과 닮은 '리플리컨트'라는 인조인간 로봇이 나온다. 이 인조인간들은 자신들이 살기 위해서 사람을 죽인다. 이런 살인 로봇이라는 뻔한 캐릭터도 인간적인 면을 부여하면 캐릭터에 새로운 힘을 불어넣을 수 있다.

■ 불량배(Bully)

 이 캐릭터는 착하고 온순한 사람들을 협박해서 돈이나 물건을 갈취한다. 가끔은 혼자가 아닌 다른 불량배들과 같이 나와서 나쁜 일을 저지른다. 하지만 일반적으로 이들은 1대 다수로 주인공을 상대함에도 불구하고 보통은 주인공에게 한 번에 퇴치당하는 경우가 많다.

■ 촌뜨기(Bumpkin)

 세련되지 못한 옷차림을 한 시골 사람을 촌뜨기라고 한다. 주인공이 처음에는 이 촌뜨기 캐릭터였다가 점점 세련되게 변하는 모습을 보면서 작품을 보는 독자들은 그 변화를 통해서 즐거움을 얻는다. 예를 들어 드라마 <명랑소녀 성공기>에서 장나라가 연기한 여주인공이 바로 이 촌뜨기 캐릭터다.

■ 중년의 남자(Middle Aged Man)

 이 캐릭터는 평범한 삶을 살아가는 것처럼 보이지만 신용이 없다고 느껴지고 무언가 혼란스러워 보인다. 외모적으로 배가 나오고 머리카락이 없는 민머리인 경우도 많다. 실제로 중년남성이며 명품 조연 배우인 김상호 씨나 고창석 씨의 이미지를 생각해 보면 이 캐릭터와 정확하게 일치한다.

■ 트리거가 되는 인물(Fridge Stuffing)

 대부분의 영웅은 초반부터 활발히 움직이지 않는다. 계속된 도발에도 불구하고 대치와 갈등의 상황을 피하는 경우가 많은데, 이들은 이런 영웅을 자극하는 트리거 역할을 한다. 작품 중간 혹은 초반에 죽지만 주인공을 행동하게 하며, 이 인물들은 주인공의 애인, 가족이거나 가까운 친구인 경우가 많다.

■ 이중인격(Two-Face)

 이 캐릭터의 특징은 2개의 상반된 성격, 직업, 세계를 가지고 있다. 그들의 행동은 장소에 따라서 달리 표현된다. 수많은 영화에서 이런 이중인격을 가진 캐릭터를 주인공으로 이야기를 이끌어 나간다. 대표적인 예로는 로버트 스티븐슨의 소설 <지킬 박사와 하이드>가 있다. 영화 중에는 데이비드 핀처 감독의 명작 <파이트 클럽>을 들 수 있다. 이 영화에서는 에드워드 노튼과 브래드 피트 두 명의 배우가 이중인격을 가진 주인공을 연기한다. 이 영화는 주인공이 이중인격이라는 사실을 반전으로 사용해서 작품의 재미와 완성도를 높였다.

■ 변태 늙은이(Dirty Old Man)

 젊은 여자를 좋아하는 늙은 남자를 말한다. 그들은 호색한의 기질이 있으며 종종 그들의 잘못된 욕망을 채우기 위해 성희롱과 같은 성범죄를 넘나들기도 한다. 일본 만화 <드래곤볼>에 나오는 무천도사의 캐릭터가 대표적인 예라고 할 수 있겠다.

■ 후원자(Patron)

 주인공을 지켜주는 수호자이자 보호자며 지지자다. 이들은 주인공을 금전적인 측면에서 도와주는 경우가 많다. 혹은 주인공의 목표 달성을 위해서 열심히 주인공을 돕는다. 그들이 주인공의 보호자 역할을 하는 이유는 주인공에 대한 연민이나 애정 때문인 경우가 많다. 미국의 여류작가 진 웹스터의 소설 <키다리 아저씨>가 후원자를 소재로 한 대표적인 예다. 지금은 <키다리 아저씨>라는 소설 제목 자체가 하나의 캐릭터를 상징하는 표현이 되었다. 후원자는 상황에 따라 지배광으로 변하기도 하는데, 채워지지 않은 욕망이 그 근저에 자리 잡고 있기 때문이다.

■ 지배광(Control Freak)

 지배광이란 심리적으로 상대방을 조절하려고 하는 가해자라는 뜻이다. 다른 사람을 어떻게든 제어하고 사건들을 조작해서 결국은 자기가 원하는 대로 하려고 하는 특징을 가진다. 이 캐릭터는 자신에게 결점이 있다는 사실을 인정하지 않는다. 그리고 항상 자신의 의견이 옳다고 생각한다. 그들은 완벽주의자며 상대방에게 쉽게 상처를 준다. 백만장자 하워드 휴즈의 일대기를 그린 영화 <에비에이터>에서 하워드 휴즈는 자신의 좋아하는 항공 사업이나 영화 사업에 관해서는 이런 지배광적인 모습을 보인다.

 우리는 지금까지 다양한 고정인물들을 살펴보았다. 하지만 위에서 살펴본 다양한 캐릭터들 말고도 새로운 캐릭터는 계속해서 생겨나고 있다. 예를 들면 '엄친아', '히키코모리', '넘사벽', '츤데레',

'빠가맨'과 같은 새로운 캐릭터를 나타내는 신조어가 나오고 있다. 우리 주위에서 자주 쓰는 말 중에서 새로운 캐릭터를 지칭하는 단어에 또 어떤 것들이 있는지 찾아보는 것도 흥미로울 것이다.

6. 캐릭터의 재현

캐릭터를 재현하는 방법으로 직접 제시와 간접 제시가 있다. 직접 제시란 서술자가 캐릭터에 대해 직접 정의하고 설명하는 방식을 말하고, 간접 제시란 다양한 지표Index를 통해 독자 혹은 관객이 캐릭터에 대해 간접적으로 경험하게 하는 방식을 말한다. 여기서 지표의 역할은 캐릭터에 대한 그럴듯한 정보를 스토리에서 자연스럽게 노출시켜 성격과 행동의 반경을 인식하도록 한다.

2008년도에 개봉한 <아이언맨>은 그 제목에서 알 수 있듯이, 아이언맨이라는 캐릭터를 중심으로 영화전개를 풀어나간다. 영화는 아이언맨이 되는 토니 스타크라는 캐릭터를 구축하기 위해 여러 지표를 사용한다. 다음은 토니 스타크라는 캐릭터를 구축하기 위해 영화 내부에서 사용된 지표들이다.

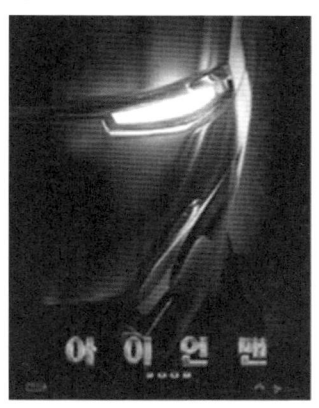

- 백만장자 플레이보이
- 재치 있지만 두려한 말투
- 자기 과시성 강한 멘트
- 버거킹 치즈버거를 좋아함
- 자신이 아이언맨임을 세상에 공표함
- 자신의 비서 페퍼 포츠가 다른 남자와 만나는 것을 은근히 경계함
- 자신의 아이언맨 슈트를 매우 아낌

[그림 3.4] 영화 <아이언맨>

여러 가지 특징적인 지표가 결합되어 아이언맨 이라는 하나의 독특한 캐릭터가 완성된 것을 알 수 있다.

■ 직접 제시

직접 제시란 서술자가 등장인물이나 상황에 대해 직접 이야기해주는 것이다. 과거에 소설이나 드라마 등에서 직접 제시가 자주 이용되어왔으나, 한동안 그 사용을 자제하는 경향이 있다. 그러나 드라마에 소설의 관찰자 시점을 엮어 넣은 새로운 직접 제시가 선보이기도 하였다. 다음은 드라마 <연애시대>의 직접 제시 방식이다.

> 일정한 슬픔 없이 어린 시절을 추억할 수 있을까. 지금은 잃어버린 꿈, 호기심, 미래에 대한 희망. 언제부터 장래희망을 이야기하지 않게 된 걸까. 내일이 기다려지지 않고 일 년 뒤가 지금과 다르리라는 기대가 없을 때, 우리는 하루를 살아가는 게 아니라 하루를 견뎌낼 뿐이다. 그래서 어른들은 연애를 한다. 내일을 기다리게 하고, 미래를 꿈꾸며 가슴 설레게 하는 것. 연애란 어른들의 장래희망 같은 것.

■ 간접제시

직접 제시가 소설 등의 이야기에서 그 사용이 줄어든 것에 비해, 간접제시는 그 활용이 점차 늘어났다. 간접제시는 캐릭터의 성격을 행동, 대화, 외형에서 간접적으로 나타내며 독자가 추론할 수 있게 해주는 것이다. 각각 예를 들어 자세히 알아보자.

1) 행동

역시 친구라면 고언을 아끼지 말아야 하죠. 왕지네의 지인들은 그녀를 만류하는 편이 좋았을 겁니다. 어느 캄캄한 밤, 왕지네는 그녀에게 장애물이라고 할 수도 없는 벽을 훌쩍 넘어가서는 자고 있는 집주인을 흔들어 깨운 다음 당당히 질문했습니다. "진짜 알고 있었어?"

이영도『그림자 자국』내레이션의 예다. 서술자의 독특한 언어를 통해 이야기 속의 그녀가 상당히 거리낌 없고 호쾌한 캐릭터임을 알 수 있도록 해준다. 실제로 그녀는 작중에서 왕비에게 붙잡힌 예언자를 구하기 위해 시녀로 잠입하는 매우 대담한 모습을 보여준다.

2) 대화

캡틴 아메리카: 그 강철 슈트를 입고 있을 때야 거물이겠지만, 그걸 벗으면 자네는 뭐지?
아이언맨: 천재, 억만장자, 바람둥이, 자선사업가 정도?
캡틴 아메리카: 당신은 전우가 철조망을 지나가게 몸을 던질 사람이 아니야. 진짜 영웅이 뭔지 알아?
아이언맨: 왜 몸을 던져? 철조망을 자르면 되지.

영화 어벤저스에 나온 대사이다. 이 대사를 통해 관객은 캡틴 아메리카와 아이언맨의 성격을 짐작해 볼 수 있다. 캡틴 아메리카의 경우 전우를 위해서 자신을 희생할 수 있어야 한다는 요지의 말을 하며, 상대방에게 존칭을 쓴다. 반면에 아이언맨은 캡틴 아메리카의 말에 깐죽거리며 비꼰다. 또 히어로의 희생정신에 대하여 부정적인 발언을 한다. 이 점에서 캡틴 아메리카는 성격이 정중하고 공동체 지향적임을 알 수 있고 아이언맨은 비뚤어진 성격을 가지고 있으며 개인주의적이라는 것을 알 수 있다.

3) 외형

영화 <에비에이터>에서 레오나르도 디카프리오가 연기한 하워드 휴즈는 깔끔한 흰색 정장 차림에 단정하게 뒤로 넘긴 올백 머리 등 전체적으로 깔끔하고 이지적인 풍모를 가지고 있다. 이는 하워드 휴즈의 철저하고 우아한 성격을 잘 표현해준다. 이 영화에서 하워드 휴즈의 외형은 그 정도가 지나쳐서 결벽증으로 보일 정도다.

💠 우리는 다양한 캐릭터들의 유형과 역할들을 살펴보았다. 최근 읽은 글이나 관람한 영화, 또는 시청한 드라마 중 한 편의 등장인물들을 앞서 소개한 캐릭터 유형으로 분석해보자.

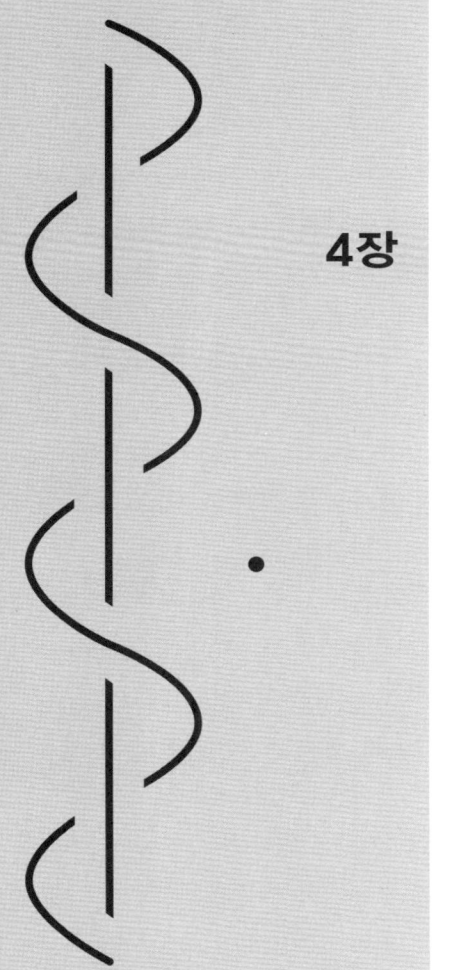

4장 플롯

플롯이란 연결되는 일련의 사건들을 효율적으로 배치, 구성하는 것으로서 이는 전형적 성격을 가지는 동시에 이야기마다 개성을 가진다. 이 장에서는 플롯의 유형과 구성 방식에 대해 알아보기로 한다.

1. 전형적 플롯

　시각적 쾌감을 만끽할 수 있는 액션영화를 한동안 보게 되면 스토리의 흐름이 예측가능한 선에서 흘러간다는 것을 느낀다. 누군가가 말하기를 할리우드의 액션물은 모두 5개의 기본 플롯 유형을 반복한 것에 지나지 않는다고 주장했을 정도다. 이러한 익숙함은 인류의 행동의 반경과 패턴이 스토리텔링을 시작한 이래 크게 변하지 않았거나 그 경험이 결과적으로 유사했음을 의미하기도 한다. 플롯은 인간이 경험할 수 있는 여러 가지 사건의 전개 과정을 담고 있는 스토리의 유전물질인 DNA와 같다. 플롯은 이야기에서 제시되는 사건들의 유형과 밀접한 관계가 있는데, 2장에서 소개된 프로프의 민담 유형 분석이 이 관계에 초점을 맞추었다고 볼 수 있다. 앞서 우리는 프로프의 캐릭터 중심 이야기 구조를 살펴보았으나 여기서는 사건을 중심으로 그가 서사문법적으로 분류하여 유형화한 전형적 행동에 대해 알아보기로 하겠다.

　인물과 배경은 이야기마다 변할 수 있지만 모든 행동(기능)은 행동의 범주sphere of action로 환원할 수 있고 행동의 구체적 양태는 과감히 축약하여 기능function으로 개념화할 수 있다. 이 과정을 통해 프로프는 러시아 민담에 근거하여 다음과 같은 31가지의 '기능' 목록을 제시하였다.

　현대의 대중적 장르일수록 이와 같은 전형적 플롯 구조를 따르는 경향이 나타나지만 프로프가 제시한 31가지 기능 모두가 사용된다고 볼 수는 없다. 장르와 내용에 따라 기능의 선택적 조합을 통한 시퀀스를 이루는 것이 보통이다. 예를 들면 <스파이더맨>과 같은 슈퍼히어로 영화의 경우 영웅의 자격을 획득하는 과정에서 4,5,6,8,9,10 (탐문-정보입수-속임수-가해-중재-결단)의 기능이 지배적인 시퀀스를 이루는 것을 볼 수 있고, 「생명수」와 같은 마법과 관련된 민담의 경우 11,12,13,14,15 (출발-시험-반응-마법획득-이동)의 기능이 지배적임을 알 수 있다. 프로프는 인지할 수 있는 행동의 기능을 도식화하여 스토리의 전형적 유형을 제시하였지만, 스토리의 질적이고 심리적 측면을 깊이 이해하기는 어렵다.

1. **부재**: 가족의 구성원 중 한 사람이 부재중이다.
2. **금지**: 주인공에게 금지 사항이 부과된다.
3. **위반**: 주인공이 금지 사항을 깨뜨린다.
4. **탐문**: 악당이 정보를 입수하고자 한다.
5. **정보 입수**: 악당이 희생자에 대한 정보를 얻는다.
6. **속임수(사기)**: 악당이 변신 등을 통해 희생자를 속이려고 한다.
7. **연루(본의 아닌 공모)**: 희생자가 속임수에 넘어가 악당을 돕게 된다.
8. **가해(결여)**: 악당이 가족 중의 한 사람에게 피해를 주고 결여를 유발한다.
9. **중재(위임)**: 불행이나 결여가 알려지고, 주인공은 도움 요청을 받는다.
10. **결단(주인공의 반응)**: 주인공이 대항 행동을 결정하거나 요청에 동의한다.
11. **출발**: 주인공이 집을 떠난다.

12. **시험(지정된 시련)** : 증여자가 주인공을 시험한다.
13. **반응(시련의 수락)** : 주인공이 증여자의 시험에 반응한다.
14. **마법의 획득** : 주인공이 마법적 수단을 획득하게 된다.
15. **이동** : 주인공이 탐색의 대상이 있는 곳으로 이동한다.
16. **투쟁** : 주인공과 악당이 직접 겨룬다.
17. **표식** : 주인공에게 표식이 주어진다.
18. **승리** : 주인공이 승리한다.
19. **불행이나 결여의 해소** : 최초의 불행이나 결여가 해소된다.
20. **귀환** : 주인공이 집이나 고장으로 돌아온다.
21. **추격(박해)** : 주인공이 추격당하거나 박해를 당한다.
22. **구출(구원)** : 주인공이 추격이나 박해에서 구출된다.
23. **익명의 귀환** : 주인공이 남들 모르게 집이나 고장으로 돌아온다.
24. **거짓된 주장(부당한 요구)** : 가짜 주인공이 부당한 주장이나 요구를 한다.
25. **어려운 과제(임무의 부과)** : 주인공에게 어려운 과제가 제시된다.
26. **해결** : 과제를 완수한다.
27. **인지(신분 확인)** : 주인공의 신분이 확인되거나 영웅성을 인정받는다.
28. **폭로** : 가짜 주인공이나 악당의 정체가 밝혀진다.
29. **변신(주인공 현시)** : 주인공이 새로운 모습으로 바뀌게 된다.
30. **처벌** : 반대자가 벌을 받는다.
31. **결혼** : 주인공이 결혼하거나 보상을 받는다.

[그림 4.1] 프로프의 31가지 기능 목록

2. 제임스 스콧 벨의 플롯 유형

다음은 제임스 벨이 제시한 내용을 통해 본 플롯의 분류로 몇 가지 예시를 통해 간단하게 설명하고자 한다. 그는 탐색, 모험, 사랑, 복수 등 흔히 인식할 수 있는 내용의 유형을 통해 플롯의 전형성을 서술하였다. 먼저 복수 플롯에 대해 알아보기로 한다.

■ 복수 플롯

복수 플롯의 기본 구조는 내용 면에서 다음과 같은 세 가지 요소를 담고 있다.

<표 4.1> 복수 플롯의 기본 구조

1	폭력	복수에는 항상 폭력이 선행한다. 그래서 독자로 하여금 폭력의 피해자인 주인공에게 동정심이 들도록 만든다.
2	대우	주인공과 그 주변 사람들이 받는 대우는 매우 부당하다. 이러한 부당한 대우는 주인공의 잘못 때문이 아니다. 비록 그에게 잘못이 있다 하더라도 그 대우는 잘못에 비하면 매우 부당하다.
3	변화	복수에 대한 열망이 주인공의 내적 심리를 변화 시킨다.

모든 사건의 시작은 폭력으로부터 발생한다. 이 폭력으로 안정적이고 안락했던 주인공의 삶이 깨진다. 그냥 깨지는 것이 아니라 폭력이라는 수단으로 깨지기 때문에 매우 부당하게 느껴질 수 있다. 이러한 부당함 때문에 독자들은 주인공에게 동정심과 연민을 갖게 된다. 또한, 주인공은 부당한 처사로 인해 복수하려는 마음을 가진

다. 결국 복수가 끝난 후 목표를 달성하며 이야기는 끝난다.

■ 사랑 플롯

사랑 플롯의 기본은 다음과 같다.

<표 4.2> 사랑 플롯의 기본 구조

1	사랑	한 명의 주인공이 사랑에 빠지게 된다. 또는 두 남녀 주인공이 서로 사랑에 빠진다.
2	이별	사랑에 빠진 두 주인공은 주변의 환경, 어떠한 사건 등에 의하여 어쩔 수 없이 이별을 하게 된다.
3	1-희극	우여곡절 끝에 두 사람은 다시 만나 사랑을 이룬다.
	2-비극	이별하게 된 두 사람은 결국 다시 만나지 못한다.
4	성장	희극처럼 사랑을 이룬 경우나, 비극처럼 다시 만나지 못한 경우 모두 주인공들은 사랑이라는 하나의 사건으로 인하여 성장하게 된다.

사랑 플롯은 이야기하고자 하는 사랑 이야기가 어떤 사랑 이야기인지에 따라 이야기의 구조가 변할 수 있다. 하지만 기본적인 위의 네 가지 요소는 늘 포함하고 있다.

기본적으로 사랑 플롯은 이야기의 시작과 끝말을 바꾸면서 여러 형태로 만들 수 있다. 먼저 시작하는 방법에 따라서는 남녀가 만나서 서로가 서로에게 사랑에 빠지는 경우가 있다. 혹은 남녀가 서로 만나지만 남자든 여자든 한 사람만이 사랑에 빠지게 되고 다른 사람은 아무런 관심이 없는 경우도 있다. 첫 번째 경우처럼 서로 사랑에 빠지게 되면 두 사람을 갈라놓으려는 사건과 인물이 등장한다. 결국, 그들은 어쩔 수 없이 원치 않는 이별을 맞이하게 된다. 하지만 그 둘의 사랑은 매우 단단하고 깊은 것이어서 방해요인에 맞서며 위험을 무릅쓰고 다시 만나려 한다. 여기서 결말은 희극과 비극으로 나뉜다. 희극이라면 두 사람은 결국 다시 만나 서로의 사랑을 이어나간다. 역경을 이겨내고 한층 더 성장하고 성숙하게 되는 것이다. 비극이라면 두 사람은 위협과 방해를 이겨내지 못하고 눈물을 머금고 이별한다. 주인공들은 비록 사랑에 실패하였지만 비극도 사랑과 이별을 통하여 더 성장하는 계기가 된다. 두 번째 경우는 혼자 사랑에 빠진 주인공이 상대방의 마음을 얻기 위하여 노력한다. 그리고 그 상대방은 주인공의 노력에 감동받아 주인공을 사랑하게 된다. 그래서 둘은 사랑을 이루게 되고 주인공은 사랑의 결실을 맺으면서 한층 더 성장한다.

모험 플롯

모험 플롯의 기본 구조는 다음과 같다.

<표 4.3> 모험 플롯의 기본 구조

1	여행	주인공은 여행을 떠난다. 이 여행에서 목적지는 특별히 중요하지 않다. 단지 모험을 통해 새로운 세계를 경험하게 된다.
2	사건	여행 중 여러 흥미로운 인물을 만나고 다양한 상황에 처한다.
3	통찰	여행을 마친 후 주인공은 보통 경험을 통해 성장한다.

모험 플롯은 일단 주인공이 집을 떠나야 한다. 즉 여행을 떠나야 한다는 것이다. 그래서 도입부에는 주인공이 어떠한 사람인지에 대한 설명이 필요하다. 그가 어떻게 살아왔고 지금의 삶의 환경이 어떠한지를 나타내야 한다. 그리고 지금의 삶에 만족하지 못한 주인공은 길을 나서는 것이다. 이러한 삶의 불만족을 보여주는 방법

은 매우 다양하다. 그다음으로는 길을 나선 주인공이 많은 사람을 만나고 많은 사건 사고와 놀라운 경험을 하게 되는 것이다. 이러한 사건 사고들은 보통 에피소드 방식을 통해 전개되는 것이 특징이다. 마지막으로 대부분의 경우 모험이 끝난 후의 주인공의 모습이 모험을 시작하기 전의 주인공의 모습과 다르다. 그는 보물 등의 물질적 획득을 이루거나 사랑하는 사람을 얻는 등 큰 보상을 받는다.

■ 탐색 플롯

마지막으로 탐색 플롯이다. 가장 추상적이고 형식적으로 포괄적인 플롯 형태라고 볼 수 있다. 제임스 스콧 벨이 제안한 탐색 플롯은 다음과 같은 구조를 가지고 있다.

<표 4.4> 탐색 플롯의 기본 구조

1	결핍	주인공은 일상세계에서 무언가의 결핍으로 인해 불안하고 불완전하다.
2	목표	일명 퀘스트(quest) 즉 주인공에게는 자신의 결핍을 채우기 위한 목표, 목적이 주어진다.
3	탐색	주인공은 결핍된 것을 채우기 위하여 목표를 찾아 나아간다. 이때 결핍된 것은 탐색의 대상이 되는 매우 중요한 것이다.
4	방해	주인공의 탐색을 방해하는 요인들이 존재한다.
5	1-성장	자신의 결핍을 채운 주인공은 탐색 이전보다 더 성장한다.
	2-타락	결국에는 결실을 맺지 못하고 부정적인 결말을 맞이한다.

이야기의 시작은 주인공이 일상세계에서 남들과 달리 어떠한 것이 결핍된 매우 불완전한 존재라는 것이다. 그리고 이 결핍을 채우기 위한, 결핍된 것을 채워줄 수 있는 목표물, 목적, 임무quest가 주

어지거나 생긴다. 왜냐하면 이 결핍은 그에게 매우 중요한 것이기 때문이다. 그리하여 주인공은 자신의 목표를 탐색하기 시작한다. 즉, 여행이나 모험 등을 떠나는 것이다. 보통 주인공은 결핍으로 인하여 불완전하고 그 세계에서 홀대받는다. 세상의 중심보다는 외곽으로 밀려나 소외된 사람, 약자로 표현된다. 그러나 이러한 탐색과정은 순탄하지 못하고 방해하는 요인과 사건, 사고들이 발생하게 된다. 결말은 두 가지 형태로 나뉜다. 한 가지는 순탄하지 않은 탐색과정을 이겨내고 결국 목표를 획득하여 더 나은 존재로 거듭나는 것이다. 다른 한 가지는 주인공이 험난한 탐색과정을 이겨내지 못하고 결국 좌절하고 마는 것이다. 그래서 주인공은 타락하거나 나락으로 빠지며 비극적인 결말을 맞으며 이야기가 끝난다.

탐색 플롯은 모험플롯과 매우 비슷한 양상을 보인다. 하지만 제임스 스콧 벨에 의하면 그 둘 사이에는 큰 차이점이 있다. 탐색 플롯과 모험 플롯은 공통적으로 주인공이 무엇인가를 찾기 위해 여행을 떠나게 되지만 목표가 두 플롯의 가장 큰 차이점이다. 탐색 플롯의 주인공에게 목표는 매우 중요한 것이기에 목숨을 걸고 위험을 무릅써가며 찾아 나선다. 그리고 그것을 찾은 후 주인공은 여행을 시작하기 전보다 정신적으로 성숙하고 깨달음을 얻는다. 반면에 모험 플롯의 주인공에게 목표는 찾아도 되고 못 찾아도 되는 것이다. 그에게는 그 정도의 절실함이 없다. 그래서 주인공은 여행이 끝나도 큰 변화가 없는 경우도 있다. 어쩌면 지나가는 유흥거리의 하나일 수도 있다.

이러한 차이점으로 인해 제임스 스콧 벨은 모험 플롯과 탐색 플롯을 구분하여 사용한다. 하지만 어떻게 보면 세상의 모든 플롯은 결국 원형적이라는 측면에서 탐색 플롯이라고 말할 수 있다. 왜냐하면, 결핍과 갈등이 내재한 모든 스토리는 자신 내면의 목표든 아니면 세상에 나아가 획득해야 할 대상이든 목표설정과 추구, 그리고 성공 혹은 실패로 끝나기 때문이다.

3. 로널드 토비아스의 플롯 유형

플롯의 종류는 끝이 없다는 것이 일반적인 답이다. 아리스토텔레스는 크게 2개, 즉 단일하게 지속되는 단순 플롯과 반전과 깨달음이 있는 복합 플롯을 제시했다. 노드롭 프라이Northrop Frye는 낭만극, 비극, 희극, 풍자극 4개의 틀로 보았다. 이탈리아 극작가인 카를로 고치Carlo Gozzi는 36개의 극적 상황으로 재구성하였다. 루드야드 키플링Rudyard Kipling은 주요 플롯으로 69가지를 선정하였다. 시티스 톰슨Stith Thompson은 2399가지의 가능태로 보았다. 각각의 분류는 나름의 의미가 있다고 하겠다. 다음은 토비아스Tobias가 정리한 20가지 플롯으로 구조적 측면보다 내용적 측면이 강조된 플롯 분류다.

1) 탐색(Quest)

찾고 떠나고 결국 발견하여 획득하는 스타일의 플롯이다. 길가메시가 영생을 찾아 나서고, 돈키호테가 모험을 찾아 나서듯, 주인공은 목표를 찾아 길을 나서고 다양한 장소와 사람을 거친다. 주인공과 목표물 사이에는 언제나 팽팽한 긴장 관계에 있다. 그러나 탐색 플롯의 목표는 추구하는 것 그 자체, 그리고 깨달음과 지혜이지, 추구하는 대상 자체가 목적은 아니다. 우리가 가지는 여행의 목적이 보통 내적인 동기와 깨달음에 있듯이 탐색 플롯도 그 목표가 지혜, 성숙, 진리의 획득이라고 볼 수 있다.

2) 모험(Adventure)

모험 플롯의 목표는 모험이다. 모험의 동기가 주어지고 주인공은 새로운 사람과 놀라운 사건을 경험한다. 목표가 여행과 모험 그 자체이므로 주인공은 여행을 시작하기 전보다 더 나은 성숙함을 보여주어야 하는 것도 아니고 무엇인가 큰 성취를 이루어야 하는 것도 아니다. 주인공은 여행이 끝나도 큰 변화가 없는 경우도 있다. 주인공은 언제나 또 다른 모험을 준비한다.

3) 추적(Pursuit)

쫓기는 자와 쫓는 자가 명확하게 드러나는 플롯이다. 이 플롯은 3단계의 구조를 가지고 있다. 첫 번째, 쫓는 자가 왜 추적을 하게 되는가에 대한 배경지식을 준다. 두 번째, 쫓는 자와 쫓기는 자, 좋은 편과 나쁜 편의 추격, 위기, 반전 등 추적의 본질적인 단계다. 세 번째, 추적의 결과를 보여준다.

4) 구출(Rescue)

구출의 플롯은 위의 세 가지 플롯과 유사하거나 일부에 해당할 경우가 많다. 구출된다는 것은 난폭하고 사악한 악당으로부터, 위험하고 공포스러운 환경으로부터 벗어난다는 의미를 지니고 있다. 주요 등장인물은 구출하는 자, 구출되는 자 그리고 구출을 저지하는 자로 이루어지며 이야기의 초반에 구출해야 하는 이유가 주어진다.

5) 탈출(Escape)

위험한 환경이나 구속, 고립에서 벗어나려는 플롯이다. 주인공이 탈출을 계획하고 시도하고, 실패하거나 성공할 수 있다. 수차례의 탈출 시도와 실패가 반복될 수 있고, 전혀 예상치 않은 일로 또는 제3자의 우연한 개입으로 구속에서 풀려나기도 한다.

6) 복수(Revenge)

복수 플롯은 언제나 폭력이 선행하여 범죄가 발생한 후 이야기의 개연성을 준다. 주인공의 복수는 독자의 공감을 필요로 하기 때문에 피해자의 끔찍한 경험과 억울함을 수반한다. 종종 복수가 수포로 돌아가기도 하고, 큰 대가를 치를 수도 있다. 이론적으로 주인공의 복수는 그가 당한 폭력의 정도를 넘어서지 않는 정도에서 이루어져야 한다. 주인공의 폭력은 가해자 혹은 경찰 등 공권력에 호소한다거나 충분한 노력 후에 마지막 출구로 직접 복수에 나서는 방식이다.

7) 수수께끼(Riddle)

주인공이 숨겨진 의미나 불가사의하고 애매한 어떤 것들을 알기 위해 단서를 찾아가는 플롯이다. 이런 수수께끼는 추측하는 게임이며 함정도 있다. 재치 있고 영리해야 하며 때로는 통찰력을 필요로 하기도 한다. 비극으로 소포클레스의 <오이디푸스 왕>을 예로 들 수 있다. <오이디푸스 왕>은 자격시험, 친족살해, 근친상간 등 정체성과 관련된 수수께끼가 스토리를 관통하는 주제로 수수께끼 플롯의 원형이라 불릴 만하다.

8) 라이벌(Rivalry)

주인공이 경쟁자와 세력 투쟁을 벌이는 플롯이다. 이 플롯에서의 두 등장인물은 대등하게 맞서야 한다. 두 등장인물 사이의 아슬아슬한 힘의 균형이 독자로 하여금 긴장감을 갖게 한다. 피할 수 없는 운명적인 대립과 그 힘이 한쪽으로 기우는 계기와 반전을 섞어서 독자가 예상할 수 없게 스토리가 전개된다.

9) 약자(Underdog)

이 플롯은 라이벌Rivalry의 플롯과 흡사하다. 그러나 라이벌 플롯의 주인공과 경쟁자는 대등한 관계로 시작하지만, 약자 플롯의 주인공은 경쟁자보다 열세에 놓여 있다. 따라서 목표를 성취하기 위해 주인공은 불합리한 상황을 감수하거나 인내하면서 피할 수 없는 종국의 싸움을 준비한다.

10) 유혹(Temptation)

남에게 현혹되어 부도덕한 일을 하고 그 대가를 치르게 되는 플롯이다. 유혹의 플롯은 보통 독자가 공감할 수 있는 일상적인 것으로 누구나 빠질 수밖에 없는 상황에 초점을 맞춘다. 외면하고 갈등하지만 결국 자신의 선택을 합리화하고 유혹에 넘어간다. 종국에 주인공은 혹독한 대가를 치르며 독자의 동정심을 유발한다.

11) 변신(Metamorphosis)

주인공의 정체성과 내면의 변화를 가져오지만, 외적이고 신체적인 변화가 주요한 플롯이다. 계약이나 저주의 결과로 변신을 통해

시련을 경험하고 이후 내면적으로 더 성숙해지고 원래 자신의 모습으로 돌아오는 과정을 거친다. 디즈니의 <미녀와 야수>와 <공주와 개구리>를 쉽게 연상할 수 있다.

12) 변화(Transformation)

변화의 플롯은 주인공이 사건과 성찰을 통해 본질적인 내면의 변화를 보여준다. 결과보다 변하는 동안의 삶의 과정이 중요하다. 변화의 결정적인 계기는 설득력이 있어, 이를 통해 그의 진정한 성장과 결과를 이해할 수 있어야 한다. 플롯은 변화할 수밖에 없는 주인공의 상황으로 시작하고 고난과 역경을 넘어 강해지거나 성숙해진 모습으로 마무리 짓는다.

13) 성숙(Maturation)

어른이 되는 과정을 겪는 어린이와 같은 주요 인물을 바라보는 플롯이다. 인생을 모호하게 느끼거나 흔들리는 자아를 가진, 마음이 어린 주인공이 성장하는 과정을 통해 독자의 공감을 얻는다. 고통과 역경을 헤쳐 자기중심적인 내면으로부터 성숙한 경지에 이르는 플롯이다. 그 고통이 강렬할수록 주인공은 더 흔들리고 고민하고 관객과 친밀해진다. 사소한 일로 고민하고 작은 선택에서 인생의 의미를 얻는다. 충격과 반전보다는 한 걸음, 한 걸음, 조금씩 성숙해지는 주인공을 따라가는 플롯으로 결과는 긍정적이고 교훈적이다.

14) 사랑(Love)

사랑은 시련이 따르며 장애 요소가 동반한다. 시련이 없이 사랑이 완성되지 않는다. 시험받지 않은 연인에게 진정한 사랑은 없다. 서로 혹은 일방적으로 상대를 원하지만 연인들에게 즉각적인 만족감은 주어지지 않는다. 캐플릿과 몬태규 가문의 결합이 불가능해 보이는 것만큼 로미오와 줄리엣의 사랑도 만만치 않게 불타오른다. 장애를 극복하려는 노력은 무산되고, 기회는 쉽게 오지 않는다. 사랑 플롯은 희극으로 혹은 비극으로 끝날 수 있다. <한여름 밤의 꿈>과 같이 희극으로 종결될 수도 있고 <로미오와 줄리엣>처럼 비극으로 끝날 수도 있다.

15) 금지된 사랑(Forbidden Love)

금지된 사랑은 사회가 관습적으로 핍박하는 혹은 금기시하는 사랑 혹은 애욕의 플롯이다. 원수의 가문을 사랑하는 '로미오와 줄리엣'과 같은 관습이 사랑을 방해하는 희곡이 예시가 될 수 있다. 하지만 많은 사람이 반대할수록 두 주인공의 사랑은 더 애틋해지고 결말에 관계없이 두 사람의 사랑은 그 순간을 통해 완성된다. <가을동화>와 같이 근친상간적 사랑을 다루기도 하는데, 주인공이 의도치 않은 결과이므로 독자는 연민을 느끼게 된다.

16) 희생(Sacrifice)

주인공이 사랑이나 대의 또는 숭고한 목적을 위해 자기 자신을 희생하는 플롯이다. 희생은 사랑하는 개인이나 사회를 위해서 자신의 목숨, 이익, 재산을 바치거나 버리는 것이다. 희생은 개인의 의무나 능력을 넘어서는 일이며 자아를 부정하고 다른 사람의 행복을 위해서 본인이 대가를 치른다.

17) 발견(Discovery)

발견 플롯은 발견 이전과 발견 이후가 색다른 대조를 이루는 경우가 많다. 발견에 이르는 과정을 강조할 경우 주인공의 결심과 행동은 가능한 한 늦게 시작된다. 주인공이 탐구하는 과정에 초점이 맞추어져 있고 인물의 변화에 주목한다. 변화를 가져오는 계기가 극적이어야 독자의 관심을 사로잡을 수 있다. 발견 이후의 사건 전개가 강조될 경우, 과거의 무지와 현재의 인지 그리고 주인공의 대응에 초점이 맞추어져 있다. 뜻하지 않은 사건의 발단 혹은 새로운 인물 등의 등장으로부터 새로운 전개가 펼쳐진다. 궁극적으로 발견 플롯은 미지의 상황과 숨겨진 자신에 대한 더 나은 이해를 향한 추구다.

18) 지독한 행위(Wretched Excess)

어떤 강박관념이나 불안에 시달리는 주인공을 설정해서 성격 파탄이나 신경증적 반응으로 점점 나락에 떨어지고, 더 이상 떨어질 수 없을 만큼 지독한 궁지의 상황에 몰리게 되는 플롯이다. 결과적으로 주인공이 파멸하거나 구원을 받게 된다.

19/20) 상승과 몰락(Ascension & Descension)

상승과 몰락의 플롯은 단순한 벼락출세나 회복 불가능한 몰락을 다루지 않는다. 상승과 몰락에 관한 원인은 주인공에게도 있어 그 과정에서 어떻게 끈기 있게 용기를 가지고 대응하는지 등 주인공의 난관을 헤쳐 가는 모습이 관객과 같이 호흡하며 전개되어야 한다. 따라서 주인공은 상승할 수도 있고 몰락할 수도 있지만, 이는 어느 정도 주인공의 행동에서 예견될 수 있어야 한다.

앞서 토비아스가 제안했듯이 스토리를 내용의 흐름을 통해 20개의 플롯으로 이해할 수 있지만, 구조를 중심으로 플롯을 이해할 수도 있다. 다음은 플롯과 관련된 구조적 장치에 대해 살펴보자.

4. 구조로 본 플롯의 유형

1) 삽입(Embedded narrative)

스토리 안에 또 다른 스토리가 들어있는 이른바 액자 형태의 구조이다. 이러한 구조는 해당 스토리의 이해를 돕기 위한 또는 등장인물을 설명하기 위한 보조적인 기능을 가진다.

2) 상호작용(Interactive narrative)

독자와 스토리 그리고 작가가 서로 상호 교환적으로 연결된 구조이다. 최근 영화, 드라마에서 자주 볼 수 있으며 독자의 의견이 스토리에 반영되는 구조다. 게임에 드러나는 서사가 대표적인 상호작용의 결과다.

3) 역행(Backward narrative)

이야기가 과거로, 뒤로 흘러가는 역행 구조다. 이야기의 전개와 이야기가 대상으로 하는 사건의 전개가 역행하여 진행되므로 혼란스러울 수 있다. 이는 구조 자체가 의도하는 효과라고 볼 수도 있다. 대표적인 예로서 크리스토퍼 놀란 감독의 영화 <메멘토>를 들 수 있다.

4) 에피소드(Episodic narrative)

여러 개의 독립된 이야기들이 연계되어 구성된 구조다. 각각의 에피소드는 같은 주요 등장인물에 의해 스토리가 진행이 되지만 사건은 개별적으로 시작하고 마무리된다.

5) 반복 요약(Iterative narrative)

반복 요약 서사라고 한다. 여러 번 일어난 사건들을 한 번으로 요약하는 이야기다. 사건들이 비슷하거나 서로 연결되는 경우 요약적으로 독자에게 제시할 수 있다. 예를 들면 '일 년에 5번 여행을 가곤 했다.'란 글이나 영화 <일 포스토>의 직장인의 반복된 업무를 보여주는 부분이 이에 해당한다.

6) 반복 중첩(Repetitive narrative)

반복 중첩서사라고 한다. 반복 요약과 반대로 하나의 사건을 여러 가지 시선으로 반복해서 재현하는 방식이다. 영화 <라쇼몽>, <밴티지 포인트>가 이에 해당한다.

7) 병렬(Parallel narrative)

하나의 이야기 안에 두 개의 독립된 플롯이 병렬적으로 존재하는 것이다. 이 두 플롯은 서로 평행적으로 구성되어 있으며 주제 면에서 연계되거나 대조되는 경우가 많다. 사건은 본질적으로는 아무런 관계가 없다. 영화 <중경삼림>의 두 경찰 이야기가 이에 해당한다.

8) 개방/폐쇄(Open/Closed narrative)

이야기의 해석에 대한 가능성을 열어두는 것을 말한다. 특히 결말 부분에서 폐쇄적 엔딩은 한 가지의 명확한 해석을 가져오는 경우고 개방적 엔딩은 복수의 가능성이 존재하는 경우다. 이러한 구조는 이야기가 불분명하고 애매하게 흘러가는 느낌을 줄 수도 있지만, 장르에 따라 그 목적과 효과가 다를 수 있다.

9) 혼성(Hybrid genre)

현대의 장르는 대부분 혼성 장르라고 해도 과언이 아니다. 로맨스, 호러, 코미디 등 하나의 순수한 장르로 인식하기 힘들다. 로맨틱 코미디가 말해주듯 여러 가지 장르적 특징이 혼합된 경우가 대부분이다. 혹은 두 가지의 비교적 명확한 장르 둘을 하나의 이야기에 연계한 경우도 이에 해당할 수 있다.

10) 남성적/여성적 구조(Masculine/Feminine narrative)

서로 대립하는 개념으로 사용되고 있는데, 남성적 플롯은 사건 중심의 선형적이고 단편적인 전개가 일반적이고, 원인과 결과가 명확하다. 플롯을 통해 이야기가 진행되고 이해된다. 여성적 플롯은 이야기가 비선형적이거나 순환 혹은 반복하는 구조를 가지고 있다. 플롯보다는 등장인물의 감정과 소통을 통해 이야기가 진행된다.

🔹 최근에 읽은 소설이나 시청한 드라마 또는 영호· 한 편을 골라 위에서 소개한 로널드 토비아스의 플롯 유형 중 어떤 유형과 관련되며, 이어 소개한 플롯의 구조 중 어떤 구조를 갖는지 분석해보도록 하자.

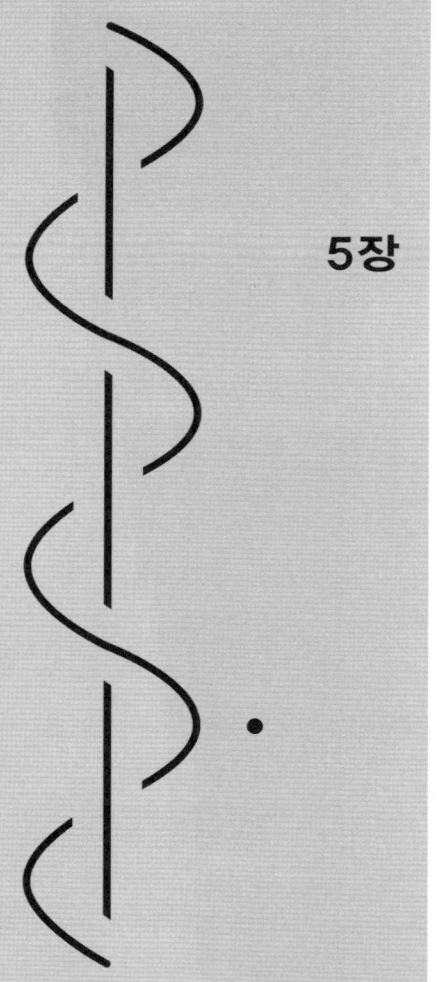

5장   서사, 서사성

서사는 행위와 사건을 시간적 순서로 서술하는 것을 말한다. 서사는 서사성을 통해 설명할 수 있는데, 본 장에서는 서사의 종류, 형태, 방식 등에 대해 살펴보기로 한다.

1. 서사성

서사(敍事, Narrative)란 사건의 서술이자, 일련의 의미있는 행동을 시간적으로 구조화한 결과다. 즉, 인물의 동작motion을 나열하는 것에 그치지 않고 행동action에 서사적 연속성을 갖게 하여 보다 가치있는 의미를 부여한 결과물이다. 이러한 서사의 완성도 혹은 이야기다움story-ness의 정도를 서사성narrativity이라고 한다.

서사성이란 서사를 비서사와 구별할 수 있게 해주는 고유의 특성이며 필수불가결한 요소다. 즉, 어떤 종류의 한 텍스트에 서사성이 인식되는 순간 비로소 서사라 정의할 수 있는 것이다. 서사성을 결정하는 요소는 행동의 목적성, 사건성, 연속성, 단언성, 구체성, 연관성, 비일상성, 가독성 등 실로 다양한 측면에서 평가할 수 있다.

서사성은 행동들을 연관 짓고 이를 체계적으로 연결하여 스토리를 만들고자 하는 인간의 기본적인 본능을 충족시켜준다. 자신의 환경이나 삶과 결부시켜 의미를 만들고자 하는 욕망을 반영할 수 있기 때문이다.

이렇게 만들어진 서사에는 최소한 하나의 사건과 그로 인한 상황의 변화가 있으며 위에서 열거한 서사성 요소의 정도가 서사성을 결정하게 된다. 다시 말해 모든 서사가 균등하게 서사성을 가지는 것이 아니라 서사에 따라 더 이야기답기도 하고 덜 이야기답기도 하다.

이야기다움, 즉 서사성을 결정하는 요소로 다음과 같은 예를 들 수 있다.

■ 서술대상에 대한 표현

제럴드 프랭스Gerald Prince 등 대표적 서사학자들은 서술대상에 대한 표현the told이 서술행위에 대한 표현the telling보다 더 많은 서사가 그 반대인 서사보다 서사성이 높다고 본다. 즉, 인물의 행동이나 사건을 표현하는 것이 서술자의 서술 행위를 나타내는 것보다 서사성이 더 높다고 느끼게 만든다. 예를 들어 다음 글 (1)과 (2)를 살펴보자.

(1) 메리는 매우 가난했다. 그러다 어느 날 그녀는 로또에 당첨됐다. 그 결과 그녀는 부자가 되었다.

(2) 지금 내가 어떤 이야기를 쓰려고 하는지 아직 알 수 없다. 하지만 일단 시작해 보겠다. 메리는 매우 가난했다. 그러다 어느 날 그녀는 로또에 당첨됐다. 그 결과 그녀는 부자가 되었다.

제럴드 프랑스에 의하면 전체 단어의 수와 관계없이 (1)은 (2)보다 더 서사성이 높다고 말할 수 있다. 서술대상에 대한 표현(사건)이 서술행위에 대한 표현(서술자의 논평)보다 많기 때문에 더욱 서사적이라고 느끼게 된다. (1)의 경우 서술대상에 대한 표현이 인물의 가난, 로또 당첨, 부의 획득이며 서술자의 행위는 나타나지 않는 반면, (2)의 경우 서술행위에 대한 표현이 많은 논평적인 언어로 서술자의 장황한 설명과 주장이 대부분을 이루고 있다.

■ 스토리 시간의 흐름

 서술대상에 관해 표현도 시간적으로 동시에 일어나는 느낌을 받는 상황보다 시간의 흐름을 명확하게 느낄 수 있는 상황. 즉, 서로 다른 시간에 일어난 연속된 행위가 제시된 대목이 더욱 서사성이 높다고 느껴진다. (3)과 (4)를 비교해보자.

(3) 해리는 순간적으로 몸을 돌려 날아온 일격을 피했다. 동시에 그는 품속에서 총을 꺼내면서 그를 공격한 대상이 어디에 있는지 확인하기 위해 재빨리 고개를 돌렸다.

(4) 해리는 괴한으로부터 공격을 받았다. 괴한과 해리는 30분 동안 총격을 벌였다. 치열한 총격이 이어진 끝에 해리는 괴한을 제압했고 그 현장에서 유유히 빠져나갔다.

 (3)은 동시다발적으로 일어나는 상황을 표현한 대목이고 (4)는 서로 다른 시간에 일어나는 행위의 연속을 서술한 대목이다. 이처럼 시간의 흐름을 명확하게 제시하는 대목이 불분명한 시간 흐름을 제시하는 대목보다 서사성이 높다고 느낄 수 있다.

■ 갈등

 분명한 갈등이 있을 때 서사성이 더욱 높아지게 된다. 갈등은 이야기에서 매우 중요한 요소다. 갈등이 없으면 이야기도 없다No Conflict, No Story는 말과 같이 갈등이 최고조에 이르는 절정 단계를 거쳐 갈등이 해결되면서 독자는 재미와 만족감을 느끼게 된다. 다음 (5)와 (6)은 갈등의 측면에서 대조적이다.

(5) 메리와 잭은 선남선녀다. 메리와 잭은 서로 사랑하는 사이다. 둘은 사랑에 빠졌고 결혼하여 행복하게 살았다.

(6) 메리와 잭은 서로 사랑하는 사이다. 그 둘은 결혼하려 했지만 메리의 가정형편으로 잭의 부모님은 반대했다. 그러나 둘은 반대를 무릅쓰고 결혼하였고 이후 행복한 결혼 생활을 하게 되었다.

(5)는 아무런 갈등구조가 없는 서사고, (6)은 갈등구조가 심화되다가 해소되는 서사다. 이와 같이 갈등은 이야기를 끌어가는 요소이며 그 갈등이 마지막에 해결되면서 스토리가 끝나게 된다. 갈등을 심화시킬수록 해결은 더욱 극적일 수 있고 이는 서사를 더 서사적으로 만들어 준다. 예를 들면,

> 메리와 잭은 서로 사랑하는 사이다. 그 둘은 결혼하려 했지만 메리의 빈곤한 배경을 탐탁지 않게 여긴 잭의 부모님은 반대한다. 잭과 부모님의 신경전 끝에 결혼하게 되지만 여전히 잭의 어머니는 메리를 좋지 않은 시선으로 본다. 그러다 잭의 어머니가 백혈병에 걸리게 되고 메리는 시어머니를 위해 골수이식을 해준다. 그 결과 잭의 어머니는 건강해졌고 메리와의 관계도 호전되어, 메리는 행복한 결혼 생활을 하게 되었다.

즉, 갈등의 심화는 이야기의 역동성을 높여주는 요소이며 이는 독자로 하여금 텍스트를 더욱 서사적으로 느낄 수 있게 해준다.

■ 원인과 결과

원인과 결과가 매끄럽게 이어질 때 서사성은 한층 높아진다. 서사

에서 나타나는 한 사건은 어떤 원인으로 최종 사건인 결과로 변하게 되는데, 이 과정에서 변화된 사건과 변화를 유발하는 원인 사이에 연관성을 발견하기 어렵다면 서사성이 떨어진다. 어떤 변화에 따른 설명은 원인과 결과가 명백할 때 그 서사는 설득력을 얻게 된다.

(7) 존은 계단을 올라갔다. 그는 숨을 헐떡거리며 높은 층에 도달했다. 그 결과 그는 한 여자와 사랑에 빠졌다.

(8) 존은 계단을 올라갔다. 올라가던 도중 그는 핸드폰을 발견했고 핸드폰의 주인인 한 여자와 연락을 하게 되었다. 연락을 주고받으면서 서로 호감이 생겼고 그 결과 존과 여자는 사랑에 빠졌다.

(7)에서는 사랑을 맺는 과정에서 관계가 드러나 보이지 않지만, 대조적으로 (8)에서는 왜 사랑이 맺어지는지를 구체적인 인과관계 서술을 통해 보여주고 있다.

■ 요점과 마무리

서사를 읽는다는 것은 플롯을 따라 그 종국을 경험하는 것이라 할 수 있는데, 그 경험의 끝에 독자가 받는 느낌이 곧 서사의 질이다. 한 서사에서 표현된 텍스트가 읽는 도중 별다른 의미를 갖지 못한다 해도 마무리에서 요점이 확인된다면 텍스트 전체가 의미 있게 느껴진다. 서사의 마무리가 완성도를 높여주고 질적인 요점으로 변모하는 것이다. 왜냐하면, 읽는 도중의 무의미함은 이후에 등장하는 무언가에 의해 다시 의미가 부여되기 때문이다. 텍스트

내에서 이루어지는 이러한 가역적 상호작용으로 서사는 대체로 요점에 맞는 마무리가 가능하다. 마무리가 제대로 되지 않는다면 그 이야기가 재미있었을지라도 좋은 인상을 남기기 어렵다. 갈등을 최고조로 올려놓아도 이를 해결하지 않으면 실망하게 되는 것처럼, 마무리에 따라 이야기는 새로운 감동과 반전을 가져올 수 있다.

2. 서사문법

 구조주의 서사학은 서사의 원리와 특징을 설명하는 형식모델로 서사의 구조와 기능을 명시적으로 기술한다. 제랄드 프랭스의 서사문법을 서사학의 맥락에서 풀어보면 다음과 같다.
 서사문법의 구조적인 측면에서 최소 단위 서사란 2개 이상의 사건 혹은 상황을 포함하며 하나의 변화를 포함하는 문장 집합이다. 다음은 최소 단위 서사의 예다.

 (1) 릴리는 몸치였다. 그래서 그녀는 춤 연습을 했다. 그 결과 릴리는 춤을 잘 추게 되었다.

 최소 단위 서사의 구조를 기술하는 규칙을 (1)을 통해 응용한다면 위 예문은 세 개의 사건 혹은 상황으로 구성되어 있다는 것을 알 수 있다. 첫 번째 문장은 행동이 아닌 상태로 시간적으로 두 번째의 문장의 선행이다. 두 번째의 문장은 행동적이며 시간적으로 세 번째 문장의 선행이며 원인이다. 마지막으로 서 번째 사건은 상태적이고 이로 인해 "몸치"라는 첫 번째 상태의 변화가 이루어진다. 위에서 말한 2개 이상의 사건 혹은 상황과 1개의 상태 변화라는 최소 단위 서사의 조건에 부합하는 것을 알 수 있다.
 이러한 서사문법은 문장 단위가 늘어날수록 연결 방식이 늘어나 분석이 복잡해질 수밖에 없다. 서사구조의 다양성을 포괄해 설명하기 위해 우리는 다양한 연결 방식을 생각해 볼 수 있다. 예를 들면 최소 단위 서사의 연접, 삽입, 교차를 통한 문장 구성이 있다.

(2) 릴리는 몸치였다. 그래서 그녀는 춤 연습을 했고 그 결과 그녀는 춤을 잘 추게 되었다.

(3) 수지는 음치였는데 그러다 좋은 선생님을 만났고 그 결과 그녀는 노래를 잘 부르게 되었다.

최소 단위 서사인 (2)와 (3)을 각각 연접, 삽입, 교차하면 다음과 같은 결과가 나온다.

(4) 릴리는 몸치였다. 그래서 그녀는 춤 연습을 했고 그 결과 그녀는 춤을 잘 추게 되었다. 그리고 수지는 음치였는데 그러다 좋은 선생님을 만났고 그 결과 그녀는 노래를 잘 부르게 되었다.

(5) 릴리는 몸치였고 수지는 음치였다. 그러다 수지는 좋은 선생님을 만났고 그 결과 그녀는 노래를 잘 부르게 되었다. 그리고 릴리는 춤 연습을 했고 그 결과 그녀는 춤을 잘 추게 되었다.

(6) 릴리는 몸치였고 수지는 음치였다. 그러다가 릴리는 춤 연습을 했고 수지는 좋은 선생님을 만났다. 그 결과 릴리는 춤을 잘 추게 되었고 수지는 노래를 잘 부르게 되었다.

프랭스는 서사문법은 서사와 관련된 여러 가지 해석의 의문점에 대한 해답을 찾을 수 있는 적절한 수단이 될 수 있다고 말한다. 더욱이 서사문법은 서사를 활용한 프로그래밍, 장르에 따른 서사 구조의 차이, 문화권에 따른 서사 행위의 측면이 가지는 특징, 교육과 서사 능력의 향상 과정 등 다양한 방면에 활용할 수 있다. 이런 특성 때문에 서사문법은 서사에 대한 이해뿐만 아니라 인간과 문화에 대한 이해를 도와줄 수 있다.

서사문법은 서사의 구조와 틀을 체계적으로 설명할 수 있지만, 이야기의 주제와 미학적인 요소를 설명하기는 어렵다는 한계도 있다. 하지만 서사문법은 교훈적 이야기, 아름다운 이야기, 재미있는 이야기를 분석하는 해석적 방법론에 문법적 방법론을 더함으로써 서사 연구의 지평을 확장했다고 볼 수 있다.

3. 서술의 형태: 스토리의 속도

모든 서사는 그것이 표현하고 있는 사건과 상황을 제시한다. 이 때, 사건과 상황이 전개되는 속도는 빠르게 표현되기도 하고 느리게 표현되기도 하는데 이를 스토리의 속도(서사의 속도)라 한다. 간단히 말해, 스토리의 속도는 한 사건이 지속되는 기간과 이를 표현하는 서사의 물리적 길이에 따라 달라진다. 예를 들어 1년이라는 기간의 내용을 10페이지에 표현한 스토리는 10일간의 기간의 내용을 10페이지에 표현한 스토리보다 속도가 빠르다.

(1) 그는 컴퓨터를 켰다. 그리고 한 시간 만에 숙제를 마쳤다.

(2) 그는 허리를 굽히고 손을 뻗어 컴퓨터를 향했다. 그리고 손가락을 컴퓨터의 버튼에 살며시 대어 컴퓨터를 켰다. 그리고 한동안 숙제와 씨름을 하다 한 시간 만에 숙제를 마쳤다.

(1)과 (2)의 예문에서 알 수 있듯이 (1)은 (2)보다 스토리의 속도가 빠르다. 사건이 펼쳐지는 속도는 독자가 서사를 읽고 평가하는 데 큰 영향을 미치게 된다. 한 사건에 대하여 많은 분량을 할애하여 상세히 전달한다면 독자는 이를 중요한 정보로 판단하게 된다. 반대로 한 사건을 빠르게 건너뛰어 간다면 이는 비교적 덜 중요한 정보로 분류할 것이고 생각 없이 지나칠 수도 있다. 추리물에서는 가끔 이를 통해 서술자가 독자의 집중 정도를 조절하거나 특정정

보로 유인하기도 한다. 중요하다고 생각했던 사건이 사실 별 볼 일 없는 것이거나 잠깐 언급했던 사실이 주요한 사건의 실마리가 되기도 하는 것이다. 또한 속도감의 조절은 사건에 대한 독자의 느낌을 지루하게 혹은 경쾌하게 만들 수 있다. 이야기 초반에 인물들의 관계를 장황하게 설명하는 경우 주요한 사건에 이르기 전에 독자의 관심을 잃게 만들 수도 있다. 즉, 위에서 다룬 다양한 속도의 스토리 형식을 적절히 혼합하여 완급조절을 해야만 독자가 한 서사를 역동적으로 즐길 수 있다.

■ 장면(Scene): Storytelling time = Story time

대화와 행동, 사건 진행을 근거리에서 생생하게 보여주는 서술방식을 장면scene이라고 한다. 장면은 서사에서 사건이 지속되는 시간과 서술의 시간(서사의 물리적 길이)이 대체로 동일하다고 여겨지는 서술방식이다. 주로 어떤 장소에서 겉으로 드러난 면이나 벌어진 광경의 객관화된 시각을 표현한다. 장면은 대개 대화나 비교적 짧은 지속성을 갖는 뚜렷한 물리적 행위들을 구성 요소로 갖는다. 이런 서술방식은 이야기의 극적 기법으로 자주 사용되며, 서술자의 의견이나 논평 등이 개입되지 않은 채 사건이나 행위의 전개 과정을 그대로 독자들에게 제시하기도 한다. 다음 예들을 살펴보자.

(3) "무슈옹그, 프랑스 말이 편하십니까? 아니면 영어가 편하십니까?"
드디어 내 앞의 외무부 관리가 입을 열었다. 프랑스 말이었다.
나는 영어로 대답했다.
"미안하지만 나는 영어도 프랑스 말도 잘 못합니다. 그래도 영어가 조금 낫습니다." (홍세화, 『나는 빠리의 택시운전사』)

(4) "당신은 우리에게 흥미로운 문제를 제기했어요." 피들러가 말했다.
"내가 아는 것은 다 말했소."
"천만에." 피들러가 싱긋 웃었다. "다 말하지 않았어요. 당신은 당신 자신이 알고 있다고 여기는 것만 말했습니다."
"무척 영리하시군." 리머스는 음식을 옆으로 밀어내고 담배에 불을 붙이면서 중얼거렸다. 마지막 남은 담배였다.
"한 가지 묻겠는데……" 피들러는 파티에서 단체놀이를 하자고 제안하는 사람처럼 사근사근한 태도로 말을 꺼냈다. "노련한 첩보원인 당신이 우리 입장이라면, 당신이 우리한테 준 정보를 어떻게 처리하겠습니까?" (존 르카레, 『추운 나라에서 돌아온 스파이』)

(5) 응접실 안은 텔레비전 화면에서 나오는 불빛이 깜박이고 있는 것 말고는 어두웠다. 앤드루스는 전등불을 켜고 엽총을 겨냥하고 방아쇠를 당겨 누나의 눈 사이를 맞춰 즉사시켰다. 그는 자기 어머니에게 세 발을 쏘았고, 아버지에게는 두 발을 쏘았다. 어머니는 눈을 게슴츠레 뜨고 발을 뻗어 그를 향해 비틀비틀 걸어왔다. 어머니가 무언가 말을 하려는 듯 입을 열었다 닫았지만, 앤드루스는 그냥 "입 닥쳐."라고 말했다. (트루먼 커포티, 『인 콜드 블러드』)

장면이란 인물의 행동과 대화, 그리고 배경과 사물 등을 독자에게 생생하게 전달하는 서술형식으로 시각, 청각, 촉각, 미각, 후각 등을 동원한 묘사를 통해 서술대상에 대한 구체적인 정보를 제공하고, 인물의 행동을 표현하는 서사를 통해 행동과 사건의 짧은 전개과정을 보여주거나, 인물의 독백이나 대화, 혹은 생각을 전달한다. 장면도 서사, 묘사, 논평, 발화의 텍스트 조합 방법에 따라 차이가 있을 수 있다. (3)과 (4)의 경우 대화를 통해 상황을 전달하고 있고, (5)의 경우 주로 서사를 통해 사건현장을 재현하고 있다.

요약(Summary): Storytelling time < Story time

요약summary은 사건의 전체 내용을 거시적으로 이해하는 데 도움을 주는 서술방식으로 사건이 지속되는 시간이 서술의 시간보다 길다. 요약은 등장인물의 과거나 이야기의 배경을 독자들에게 요약해서 직접적으로 제시하는 등 이야기 속에서 긴 시간적 지속성을 갖는 사건이나 행위들을 간략하게 언급할 때 사용되며, 서술자의 개입을 강하게 드러낸다. 즉, 중요도에 따라 요약할 것과 생략할 것을 판단하고 단어 선택과 문장 구조를 통해 강조할 것과 보조할 것을 정하는 선택적 요약이 이루어진다. 서술자는 요약을 통해 서사적 축약, 집약과 속도감 등 다양한 효과를 만든다.

어떤 경우 요약은 대화와 같은 대표적인 장면의 기법 속에서 사용되는데, 예를 들어 긴 시간에 걸쳐서 이루어진 대화를 짧게 줄여서 드러내는 경우가 그것이다. 소설은 대화와 요약 간의 비교적 일관된 교대를 보여주는 경향이 있다. 대개 긴 요약을 피하고 대화가 포함된 장면을 주로 제시하며, 장면과 장면 사이의 분절된 부분은 요약을 통해 제공한다.

(6) 그들은 여름 내내 다락방에 모여 밤이 이슥하도록 이야기를 나누곤 했다.

(7) 우리가 다시 만난 것은 그 일이 있은 지 1년 후였다. 그가 먼저 입을 열었다.

(8) 중학교 1학년 이후 지금까지 10년간 동네의 한 병원에서 자원봉사자로 간호사를 돕는 일을 했다. 여름 방학 내내 일주일에 서른 시간

정도를 일했는데, 그 대부분의 시간을 병실에서 환자들과 보냈다.

위의 예시는 대화로 넘어가기 전 요약의 형태를 압축적으로 보여주고 있다. (6), (7), (8)은 사건이 지속되는 시간이 서술의 시간보다 긴 경우로 요약의 속도가 순서대로 빨라지고 있다.

■ 속도

빠른 속도는 서사의 긴장감과 긴박감을 강화한다. 속도감은 요약과 장면의 교대와 반복을 통해 조절된다. 요약은 장면과 달리 현재, 미래, 과거의 사건이나 상황에 대한 정보를 제공하여 주어진 장면의 질과 완성도를 높이는 효과를 주기도 한다. 다음은 요약을 통해 장면을 보충 설명한 경우다.

(9) "앉은 자리에서 일어나렴."
지난달 초 서울 서초동 법원청사 소년법정. 서울 도심에서 친구들과 함께 오토바이 등을 훔쳐 달아난 혐의로 피고인석에 앉은 A양에게 서울가정법원 김 부장판사가 다정한 목소리로 말했다. 무거운 보호 처분을 예상하고 어깨를 잔뜩 움츠리고 있던 A양이 쭈뼛쭈뼛 일어나자 김 부장판사가 다시 말했다.
"자, 날 따라서 힘차게 외쳐 봐. 나는 세상에서 가장 멋지게 생겼다."
예상치 못한 재판장의 요구에 잠시 머뭇거리던 A양이 나직하게 "나는 세상에서…"라며 입을 뗐다.
김 부장판사는 "내 말을 크게 따라 하라"고 했다.
"나는 무엇이든지 할 수 있다. 나는 이 세상에 두려울 게 없다. 이 세상은 나 혼자가 아니다."
큰 목소리로 따라 하던 A양은 "이 세상은 나 혼자가 아니다"고 외칠 때 참았던 울음을 터뜨렸다. 법정에 있던 A양 어머니도 함께 울었고, 재판 진행을 돕던 참여관·실무관·법정 경위의 눈시울도 빨개졌다. (장면)
그가 이런 결정을 내린 건 A양이 범행에 빠져든 사정을 감안했기 때문이다. 작년 초까지만 해도 반에서 상위권 성적을 유지하던 A양은 간호사를 꿈꾸던 발랄한 학생이었다. 그러나 작년 초 남학생 여러 명에게 끌려가 집단폭행을 당하면서 삶이 바뀌었다. A양은 당시 후유증으로 병원 치료를 받았고, 충격을 받은 어머니는 신체 일부가 마비되기까지 했다. 죄책감에 시달리던 A양은 학교에서 겉돌았고, 비행 청소년과 어울리면서 범행을 저지르기 시작한 것이다. (요약) (조선일보 2010.5.17.)

그러나 속도감은 반드시 사건이 지속되는 시간과 서술의 시간을 통해 만들어지는 것은 아니다. 예를 들어 감정적인 빠른 대화가 진행될 때에도 독자는 속도감을 느낄 수 있다. 독자가 느끼는 속도감은 주관적인 시간 개념으로 시간이 객관적인 단위를 지녔음에도 불구하고 대화의 전개에 따라 다른 효과를 주기 때문이다. 인물들이 대화를 통해 상황을 빠르게 전개하면 그만큼 독자가 느끼는 속도는 빨라진다. 대화에 집중하고 대화 이외의 다른 텍스트적 요소를 제거하게 되면 이야기의 전개는 더욱 빨라지게 된다. 또한, 대화 내용의 감정적 요소가 스토리를 더 빠르게 만든다. 사건이 지속되는 시간과 서술되는 시간의 물리적 관계와 관계없이 등장인물의 격한 감정은 대화 속도의 촉진제 역할을 하기 때문에 장면과 사건의 진행이 빨라지는 효과를 주는 것이다.

(10) "왜 나를 그렇게 무서워하는 거지요? 오, 잭! 양심에 걸리는 것이 없다면 그런 얼굴로 나를 보지는 않았을 거예요."
"그래, 나는 다른 일을 생각하고 있었어. 그런데 당신이 그 요정 같은 발로 다가왔기 때문에-"
"그렇지 않아요. 그것 말고 다른 이유가 있어요, 잭."
갑자기 에티는 어떤 의혹에 사로잡혔다.
"쓰고 있던 편지를 보여줘요." "에티, 그럴 수는 없소."
에티의 의혹은 확신으로 바뀌었다.
"다른 여자에게 쓴 편지였군요!"
에티가 소리쳤다.
"다 알고 있어요! 그렇지 않으면 왜 내게 숨기는 거지요? 부인에게 편지를 쓰고 있었나요? 당신이 결혼하지 않았다는 걸 내가 어떻게 믿지요? 당신은 타지에서 온 사람이니까, 아무도 몰라요."
"난 결혼하지 않았소, 에티. 이것 봐, 맹세할게! 이 세상에 내 여자는 당신밖에 없어 예수님의 십자가에 맹세하겠소!" (코난 도일, 『공포의 계곡』)

(10)의 속도감은 인물의 감정 고조와 상황의 긴장감에서 나오는 것으로 사건이 전개되는 속도 또한 빨라지는 느낌을 받게 되는 것이다.

이야기가 빠른 속도로 진행된다고 해서 독자의 긴장감을 언제나 잡아둘 수 있는 것도 아니고, 자칫 이야기의 주제와 핵심을 벗어나 허점을 쉽게 드러낼 우려가 있다. 이때는 이야기를 느린 속도로 만들어 한 템포 쉬어가는 구간을 만드는 것이 좋다. 느린 속도의 스토리는 이야기를 좀 더 조리 있게 진행하는 데 도움을 주기 때문에 독자의 주의를 환기해준다. 스토리의 속도를 늦춘다는 것은 사건이 지속되는 시간이 서술의 시간보다 짧은 경우를 의미한다. 예를 들어 등장인물 간에 빠른 대화가 이루어지는 도중에 서술자가 끼어들어 상황을 천천히 읊듯 설명하게 되면 그 속도가 급격하게 느려지는 느낌을 받을 것이다. 영화에서 볼 수 있는 느릿느릿한 행동의 슬로모션에 해당하는 효과를 가져온다. 늘리기 방식과 정지 방식이 이에 해당한다.

■ 늘리기(Stretch): Story Time < Storytelling Time

 늘리기는 서사의 긴 분절이 비교적 짧은 서사 대상에 대응할 때의 경우를 말한다. 즉, 장면과 요약 등 분절된 그 사이의 순간에 다수의 정보를 포함하는 것이다. 이는 느린 속도의 스토리의 전개 속도보다 훨씬 느린 속도를 가진다. 늘리기는 한 인물의 행동이나 한 장면을 강조할 때 유용하게 쓰일 수 있다. 늘리기의 예는 다음 두 가지 제시문의 대조를 통해 살펴볼 수 있다. (11)은 (12)를 늘려 쓴 결과다.

(11) 릴리는 콧등을 긁었다.

(12) 릴리는 손을 들어 코로 가져갔다. 그런 뒤 콧등의 가려운 부분을 짚었다. 그리고 그녀는 손톱을 세워서 위아래로 콧등을 긁기 시작했다.

■ 정지(Pause): Story Time = 0

 정지는 스토리 타임의 시간이 완전히 멈춰있는 상태를 말한다. 시간의 흐름이 없는 상태로 단순히 어떤 대상이나 상황을 묘사하는 것이다. 풍경의 모습을 묘사하거나 인물의 외양을 말할 때 이런 정지의 상태가 일어나게 된다.

(13) 여기서 잠깐 그녀의 모습을 살펴보자. 그녀는 긴 생머리에 하얀 피부, 반짝거리는 두 눈과 살짝 잡혀있는 쌍꺼풀, 오똑한 코와 자그마한 입술을 가졌다. 게다가 바람이 불면 날아갈 듯 가녀린 몸매를 가진 그녀는 굉장히 어려 보였다. 그런데 한 손에 다 잡히지도 않는 기타를 들고 튜닝하고 있는 그녀의 모습에서 색다른 매력이 풍겨 나왔다.

사건이 지속되는 시간과 서술의 시간의 관계 혹은 스토리 시간과 스토리텔링 시간의 관계는 다음과 같은 도식으로 설명될 수 있다.

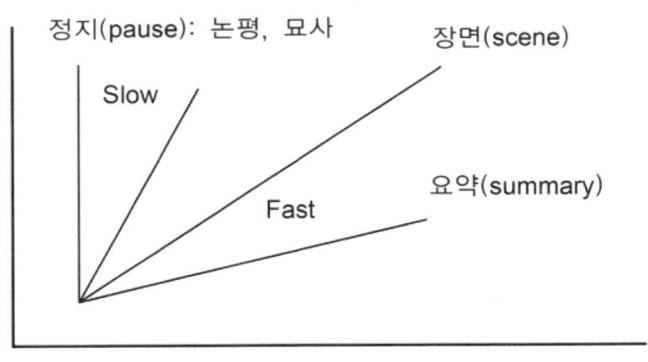

[그림 5.1] 스토리 속도 도식

4. 서사 전달방식: 말해주기, 보여주기, 경험하기

■ 말해주기(Telling)

 말해주기는 서술자가 독자에게 무슨 일이 벌어지고 있는지 직접 설명해 주는 방식이다. 이와 같은 특징 때문에 '직접 제시'라고도 불리는데, 서사 내에서 서술자의 존재감이 강하게 느껴지게 된다. 독자가 서술자를 인식할 수 있을 정도의 언어적, 수사적 특징이 드러난다.

(1) '지방 검사인 해리 세이브룩은 사소한 절도 사건이 배심원의 판결을 필요로 하는 재판으로 바뀐 것에 기분이 상했다. 그의 말과 행동에서 난처함이 분명하게 드러났다. 반면에 페리 메이슨은 배심원들에게 예의 바르고, 공정하고, 논리적이며, 솔직하게 대했다.' (얼 스탠리 가드너, 『불에 탄 손가락 사건』)

 위의 예에서 보듯이 서술자가 직접 인물 메이슨의 성격을 독자에게 전달하고 있다. 서술자의 인격적 성향이 강하게 드러나면 드러날수록 독자의 판단이 중요해진다. 이는 궁극적으로 서술자의 의견일 뿐이며, 그가 바르고 공정하며 논리적이고 솔직했는지는 알 수가 없다.
 작가의 주관이 과도하게 개입되어 독자의 몰입을 방해할 수도 있지만, 말해주기 방식의 장점은 바로 스토리 속도 조절이다. 이야기의 핵심에 빠르게 접근하기 위해 세세한 묘사를 동원하여 독자를 이해시킬 필요 없이 서술자의 직접적인 서술을 통해 이해시킬 수 있다. 예를 들어, 갈등의 심화와 임박한 대결을 보여주기 위해 "메리는 그 소식을 듣자 숨소리를 급하게 씨근덕거리고는, 자리에서 벌떡 일어나 문을 세차게 닫고 나갔다."라고 서술하는 대신에 "메리는 매우 화가 난 상태였다."로 주요 사건의 전조를 빠르게 설명할 수 있다. 빠른 전개가 필요한 장면에서는 간단하게 상황을 말함으로써 빠른 템포를 가질 수 있으며, 반대로 느린 전개가 필요한 부분에서는 세세한 묘사를 통해 느린 템포를 만들 수 있는 것이다. 인물의 구체적인 행동이나 외형적인 묘사를 통하지 않고도, 서술자의 직접적인 인물 증언을 통해 독자들에게 인물에 대해 쉽게 이해시킬 수 있다.

말해주기의 주요 기능으로는 상황의 직접 제시, 해석, 논평 등이 있다.

1) 직접 제시

서사는 영상과 같이 실제로 눈에 보이는 장면이 아니다. 따라서 서사는 독자들에게 이야기에 대한 기본적인 정보를 제시해 주어야 하는데, 말해주기는 이러한 정보를 직접 제시해 줌으로써 독자들에게 어려울 수 있는 상황을 정확하게 인지하도록 도와준다. (2)의 예시에서 어떤 문제에 대해 옳다고 생각하는 것은 작중인물인 아이지만, 서술자가 아이의 판단을 직접적으로 전달해 준다는 것을 알 수 있다.

(2) '그리고 등 뒤로 도로 빨라 가는 뒷집 계집애의 말소리와 갑작스레

떠나가는 누이의 말소리를 들으면서도 아이는 누이보다 예쁜 뒷집 계집애가 싸움에 이기는 것이 옳다고 생각하며 그냥 골목 어귀의 여물을 먹고 있는 당나귀에게로 걸어갔다.' (황순원, 「별」)

2) 해석과 논평

서사는 서술자가 의도한 내용들이 바로 연결되지 않아 독자들이 이해하기 힘든 경우가 있을 수 있다. 이때, 말해주기 방식을 사용하면 서술자가 서사의 전체적인 내용들을 서로 연결하고 종합하여 해석해 주는 것이 가능하다. 예로 (3)은 전지적 작가 시점의 글에서 서술자의 말해주기가 해석과 논평의 기능을 한다고 할 수 있다.

(3) '강묵에게 목을 제압당한 상태여서 말은 할 수가 없었지만 자신도 말을 할 수가 있었다면 욕을 하고 싶다는 생각이 들었다. 하지만 정작 자신도 조천삼 만큼이나 사악한 인간이라는 사실은 아직 인지하지 못하고 있었다.' (K. 석우, 『늑대전설 16』)

(3)의 첫 번째 문장에서 목을 제압당한 상태와 욕을 해주고 싶은 욕망을 서술자가 직접적으로 제시하고 있고, 두 번째 문장에서 인물의 심리를 해석하여 그가 사악한 인간이라고 논평하고 있는 것도 서술자다. 하지만 서술자가 직접 논평할 경우, 독자들은 일방적으로 가치관을 강요받는다는 느낌을 받을 수 있기 때문에 제한적으로 사용해야 한다.

■ 보여주기(Showing)

보여주기는 영화의 한 장면을 보여주는 것과 같다. 보여주기에서는 등장인물의 말이나 행동을 통해 그들이 누구인지, 무엇을 느끼는지를 알 수 있다. 이것은 소설의 서술기법 중 하나로서 등장인물의 성격이나 행동을 작가가 직접적으로 말하는 것이 아니라 대화나 행동 혹은 외모를 통해서 간접적으로 제시하는 것이다. 그런 이유로 이것은 '간접제시'라고도 한다.

보여주기는 인물에 대한 작가의 해석이나 논평이 들어있지 않은 객관적 서술이기 때문에 보다 직관적으로 인물에 대한 정보를 알 수 있다. 보여주기는 독자들이 조금 더 재미있게 글을 읽을 수 있도록 작가가 베푸는 배려이자 독자의 적극적 개입을 유도하는 장치다. 단순히 서술자가 지배하는 작품이 아닌, 독자가 스스로 이야기의 추이를 뒤쫓을 수 있도록 도와주는 작가 나름의 마음 씀씀이가 드러나는 서술기법이라고 할 수 있다.

보여주기는 작가의 직접적인 침입을 최소화하여 이야기를 객관적으로 서술함으로써 독자에게 자유로운 해석을 할 수 있게 해준다. 특히 인물의 내면의식, 심리, 사상 등은 작가가 직접 제시해 주는 것보다 보여주기를 사용했을 때 독자들에게 더 미학적으로 전달될 수 있다. 하지만 보이는 대상에 대한 중의적 해석 가능성이 강한 경우가 많아 독자들이 쉽게 이해할 수 없는 경우가 종종 발생한다. 이러한 위험에도 불구하고 작가들이 보여주기 방식을 사용하는 이유는, 보여주기를 통해 더 감각적이고 미적인 표현을 구사할 수 있기 때문이다.

보여주기의 주요 기능으로 이야기의 분위기 조성이 있다. 우리는 지각을 통해 사물과 세계를 인식하므로, 보여주기는 독자들이 작품 내에서 자신들이 직접 느끼듯이 작품 세계를 인지하도록 하는

데 효과적이다.

(4) 응접실 안은 텔레비전 화면에서 나오는 불빛이 깜박이고 있는 것 말고는 어두웠다. 앤드루스는 전등불을 켜고 엽총을 겨냥하고 방아쇠를 당겨 누나의 눈 사이를 맞춰 즉사시켰다. 그는 자기 어머니에게 세 발을 쏘았고, 아버지에게는 두 발을 쏘았다. 어머니는 눈을 게슴츠레 뜨고 발을 뻗어 그를 향해 비틀비틀 걸어왔다. 어머니가 무언가 말을 하려는 듯 입을 열었다 닫았지만, 앤드루스는 그냥 "입 닥쳐." 라고 말했다. (트루먼 커포티, 『인 콜드 블러드』)

■ 경험하기(Experiencing)

서술자는 캐릭터의 사고를 다양한 방식으로 전달함으로써 인물의 감정을 더 효과적으로 구성할 수 있다. 또한 독자들은 캐릭터의 감정 고조를 통해 작품에 더욱 몰입할 수 있지 된다. 자유간접화법이 경험하기 서술형식의 대표적인 예라고 할 수 있다.

(5) 앤드루스가 의지하는 무기는 바로 비소였다. 희생자를 독살하고 나면 앤드루스는 모두를 침대에 눕히고 집에 불을 지르려 했다. 수사관들이 사고사라고 믿게 하고 싶어서였다. 하지만 한 가지 사소한 일 때문에 불안했다. 해부를 해서 비소 중독인 걸 알아내면 어쩐다지? 그래서 그 독약을 누가 샀는지 알아내서 자기를 추적하게 되면? 여름이 끝나갈 무렵 앤드루스는 또 다른 계획을 고안했다. (트루먼 커포티, 『인 콜드 블러드』)

위의 글에서 서술자는 먼저 앤드루스의 의도를 직접 전달하고("앤드루스가 의지하는 무기는 바로 비소였다. 희생자를 독살하고 나면 앤드루스는 모두를 침대에 눕히고 집에 불을 지르려 했다.") 이어 앤드루스의 생각과 고민으로 자연스럽게 옮겨가고 있다("해부를 해서 비소 중독인 걸 알아내면 어쩐다지? 그래서 그 독약을 누가 샀는지 알아내서 자기를 추적하게 되면?"). 자유간접화법은 이처럼 서술자의 설명과 인물의 걱정이 함께 섞이게 하여 독자들이 인물의 감정을 쉽게 경험할 수 있게 한다. 경험하기를 통해 작중인물과 서술자의 호흡을 교차시켜 서사를 보다 입체적이고 역동적으로 만들 수 있다.

🔲 우리나라 단편소설 작품에서 서사의 전달방식인 말해주기, 보여주기, 경험하기를 찾아 소개해보자.

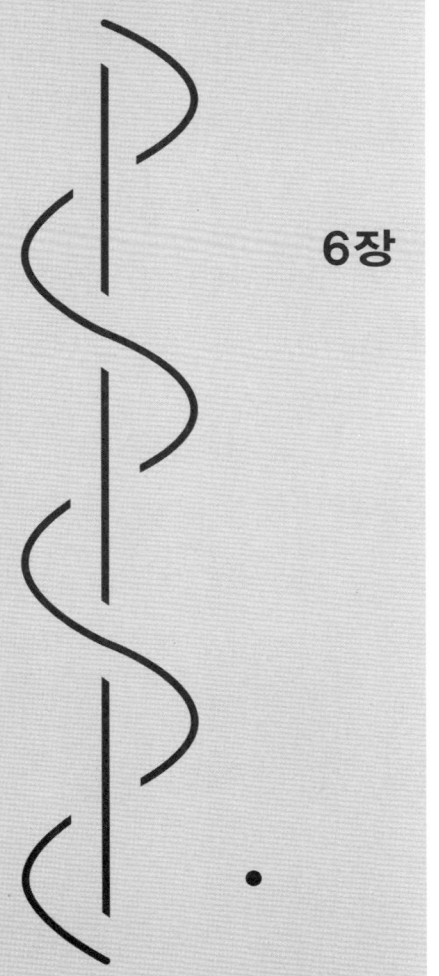

6장 스토리텔링의 활용

현대사회에서 스토리텔링의 개념은 전통적인 소설에서부터 드라마, 영화, SNS 데시지 등에 이르기까지 광범위하게 적용될 수 있다. 이 장에서는 스토리 텔링 행위와 텍스트 유형별 스토리텔링의 특징을 알아보고 실제로 스토리텔링이 어떻게 활용되고 있는지 살펴보기로 한다.

스토리텔링은 세상에 대한 경험을 전달하는 기본적인 인간의 재현 방식이다. 학문으로서의 스토리텔링은 다양한 학문의 경계를 넘나드는 분야로 서사 기호의 생산, 유통, 소비를 분석하는 언어기호학적 학문이면서, 대중의 감성과 경험을 토대로 공감, 소통, 행동을 해석하는 문화 심리적 학문이기도 하다. 스토리텔링은 전통적으로 인종, 언어, 지역을 넘어, 모든 문화권에서 개인의 삶에 의미를 부여하고, 공동체의 공감을 이끌어내며, 시대의 가치와 규범을 강화하는 역할을 해왔다. 현대에 이르러 스토리텔링은 단순한 이야기 전달을 넘어 교육, 미디어, 비즈니스, 의료, 엔터테인먼트 등 다양한 분야를 아우르는 인문학적 도구로 인식되고 있고, 나아가 광고, 뉴스, 관광, 영화, 동화, 연설 등 다양한 분야에서 새로운 스토리텔링의 가능성을 모색하고 있다. 이 장에서는 예시를 통해 기사, 영상, 공간과 관련된 스토리텔링의 활용을 알아보기로 한다.

1. 이야기 기사

이야기 기사는 일반적인 스트레이트 기사와는 다른 서술방식으로 뉴스를 전달한다. 스트레이트 기사와 인물과 사건을 기술하는 방식에 있어서 차이가 있는데, 이야기 기사의 특징은 사건의 현장을 클로즈-업 하여 극화하는 방식을 택한다. 마치 소설의 한 장면을 읽고 있는 것 같은 착각이 들 정도다. 여기서는 같은 사건을 다룬 두 가지 기사를 비교하고자 한다. 다음은 신문의 사건 사고 기사에서 흔히 볼 수 있는 전형적인 스트레이트 기사문이다.

> **과테말라 한인 사업가 살해범 6명 잡고 보니 "잭폿 당첨금 탐나" 교민 2명이 주도**
> 과테말라에서 지난달 18일 한국인 사업가 송모 씨(56)를 납치한 뒤 살해한 일당 6명이 과테말라 경찰 당국에 체포됐다. 일당 중엔 과테말라 한국 교민 2명이 포함됐다. 이들은 송 씨와 알고 지내던 사이로 범행을 기획하고 주도한 것으로 드러나 충격을 주고 있다.
> 외교통상부 당국자는 12일 "과테말라 내무부 경찰당국이 송 씨 사건의 배후로 지목돼 온 한국인 2명과 과테말라인 4명(현역 경찰관 3명, 군 정보장교 1명)을 체포했으며 달아난 일당 1명(경찰관)의 행방을 추적 중이라고 11일(현지 시간) 발표했다"고 밝혔다.
> 한국 교민 2명의 범행 동기는 '잭폿' 당첨금인 것으로 알려졌다. 골프를 함께 하며 지내던 이들은 최근 송 씨와 함께 현지 카지노에 갔다가 송 씨가 잭폿을 터뜨려 탄 당첨금 2만4000달러를 노리고 범행을 저지른 것으로 알려졌다. (《동아일보》 2010.2.12.)

스트레이트 기사문은 육하원칙(언제, 어디서, 누가, 무엇을, 어떻게, 왜)에 따라 사건의 내용을 최대한 팩트 위주로 전달하고자 하는 구조를 띠고 있다. 객관적 단어와 명료한 문장으로 최대한 기자의 의견과 관점을 배제하고 체계적으로 전달하는 것을 목적으로 한다. 이 기사문의 형식은 가장 중요한 정보를 가장 앞 단에 제시한다. 정보의 중요도 순서로 기사문에서 제시하므로 몇 줄만 읽어 보아도 핵심적인 내용을 파악할 수 있는 장점이 있다. 보통 이야기의 역순으로, 사건의 결과부터 시작해서 사건의 원인, 전개 과정에 대한 정보, 그리고 당국자와의 인터뷰 등 직접 인용의 순이다.

반면 이야기 기사의 목적은 독자의 공감을 이끌어 스토리를 읽는 즐거움을 주는 것에 초점이 맞춰져 있다. 이야기 기사문은 마치 그 사건 안에서 직접 보는 듯 현장감을 느낄 수 있도록 뉴스를 서술한다. 이야기 기사는 사건의 결과를 최우선순위로 제시하는 방식을 취하지 않고 사건이 그 결과까지 도달하는 동안에 있었던 전개 과정과 인물의 심리와 반응에 더 관심을 가지고 있다. 위 과테말라 한국인 살해 사건을 다루고 있는 이야기 기사를 통해 그 차이점을 확인할 수 있다.

"한국인, 미국인보다 돈 많다"…
지난 4일(현지시각) 밤 11시 30분 과테말라시티 의 주유소. 양 씨는 권총의 탄창을 확인했다. 양 씨와 기자가 탄 차를 따라와 급브레이크를 밟으며 정지한 파란색 차는 10m쯤 뒤에서 라이트도 끄지 않은 채 서 있었다. 분명 운전자는 '이쪽'을 보고 있었다. 주유소였지만 기름도 넣지 않았고, 주차장에 차를 대지도 않았다. [생략]
10분 이상 달려 사람이 북적이는 주유소에 차를 댔다. 너덜거리는 타이어에서 탄내가 났다. 연락받은 교민의 쏘나타 승용차가 도착하는 데 걸린 시간은 5분. 그 사이 숨도 쉬기 힘든 긴장감이 흘렀다. 쏘나타를 타고 떠나며 '놈'을 봤다. '놈'도 분한 듯 이쪽을 보고 있었다. (《조선일보》 2010.2.8.)

위의 기사문은 마치 사건을 영상화한다는 느낌으로, 기사의 정보를 제공받고 있다는 느낌보다 그 기사의 현장을 실제로 보고 경험하고 있는 듯한 효과를 준다. 소설의 한 장면을 연출하는 방식과 다르지 않다. 특정한 시간과 특정한 공간 안에 인물을 배치하고 일반적인 범인이 아닌 "놈"과의 대치상황으로 구성하여 현장의 긴장감을 크게 증폭시켜 준다. 사건의 결과가 아닌 사건의 전개 과정을 드러내고 있다고 할 수 있다.

다음은 스파이 사건을 다룬 《시애틀 타임즈Seattle Times》의 연재기사 <떠오르는 별>이다. 다음의 이야기 기사는 소설 속 인물의 시점과 같이 그들의 관점에서 사건을 면밀하게 보고 재구성한다. 심지어 그가 당시에 느낀 감정까지 전달하려고 노력한다.

23살의 육군 대위가 걸프전쟁 직후 이곳에 도착했을 때 이미 '이슬람의 불꽃'이 제임스 이의 내면에서 깜박이고 있었다. 패트리엇미사일 부대의 장교였던 제임스 이는 페르시아만 근처의 킹 압둘 아지즈 공군기지에 배치 받았다. 당시 미군 안에서는 이슬람에 대한 호기심이 높아지고 있었다. 제임스 이 역시 그 흐름의 한 부분이 되어 기지 안의 무슬림 센터를 정기적으로 방문했다. 수천 명의 미군 병사들이 이슬람 센터를 찾았다. 사우디아라비아 정부가 세운 이슬람 센터는 군인들이 서로 친교하고, 이슬람 문화를 이해하도록 돕고, 아마도 신자가 될 수도 있다는 생각에 그런 장소를 만든 것이었다.

센터를 운영하는 사우디인이 개종자의 간단한 정보가 담긴 3인치 바인더를 이에게 보여주었다. 하지만 미군에는 그들을 맡을 무슬림 목사가 없었다. 제임스 이의 마음에 하나의 생각이 타오르기 시작했다: 그가 첫 번째가 될 수 있었다! (<떠오르는 별> 1991.8.)

[그림 6.1] 《시애틀 타임즈》 연재기사 <떠오르는 별>

이야기 기사란 전통적인 신문기사와 같이 사건을 객관적으로 빠르게 전달하는 것이 목적이 아니다. '아마도 신자가 될 수도 있다는 생각에 그런 장소를 만든 것이었다.'라는 부분에서도 알 수 있듯이 소설 속의 3인칭 전지적 시점의 서술자와 같이 인물(여기서는 사우디아라비아 정부)이 추측한 부분까지 전달하고 있다. 정부의 속내를 드러낸 후, 내레이션은 자연스럽게 제임스 이라는 인물의 생각으로 시점에 변화를 주고 있다. "제임스 이의 마음에 하나의 생각이 타오르기 시작했다: 그가 첫 번째가 될 수 있었다!An idea began to burn in Yee: He could be the first!" 여기서 쓰인 자유간접화법은 소설 등 픽션에서 자주 나타나는 화법의 한 방법이다. 전지적 시점의 서술자는 당국자의 시점에서 이동하여 이 기사의 주인공 역할을 하는 제임스 이의 시점으로 옮겨 다니며 마치 그의 생각을 읽어낸 것처럼 그의 확신을 독자에게 전달한다.

다음 두 번째 예시문은 연재기사 <고통스러운 비밀>로 제임스 이의 아내와 연방요원의 시각들을 자유롭게 이동하며 사건을 서술하고 있다. 자유간접화법을 통해 연방요원의 편견과 아내의 고통을 생생하게 전달하고 있다.

올림피아에 있는 그녀의 작은 아파트 복도에서 후다 수보는 두 명의 연방요원과 마주쳤다. 그들은 그녀의 남편인 제임스 이 대위에 대해 들려줄 이야기가 있었다. 당신의 남편이 바람을 피우고 있어요, 그들이 말했다. 관타나모 기지에 있는 여성 해군 장교죠.

수보에게 그 주장은, 믿고 안 믿고를 떠나, 더할 수 없는 상처를 주는 것이었다. 이 사건은 이미 엄청난 고통을 그녀에게 던졌다: 조사관들의 심문, 가택 수색, 기자들의 현관문 노크 그리고 이제는 이것까지. 그녀가 울음을 터뜨리자, 요원들은 사진들을 하나씩 꺼냈다. 테러 용의자들의 사진이었다. 당신의 남편이 이들과 만난 적이 있나요, 그들이 물었다.

한 명은 알아볼 수 있다. 이병 아메드 알 할라비. 나머지, 긴 수염을 가진 남자들에 대해선 흐느끼며 가로저었다. "몰라요."

연방요원들은 올림피아 아파트에서 제임스 이의 와이프, 후다 수보에게 심문했다. 그를 체포한 후에 그의 외도가 밝혀졌다고 조사관들에게 목사의 외도는 군율을 어긴 것 이상을 의미했다. 그들의 의심은 깊어져 갔다. 첩자는 전형적으로 이중, 심지어 삼중 생활을 했다. 그 패턴에 딱 들어맞았다.

'수보에게 그 주장은, 믿고 안 믿고를 떠나, 더할 수 없는 상처를 주는 것이었다. 이 사건은 이미 엄청난 고통을 그녀에게 던졌다: 조사관들의 심문, 가택 수색, 기자들의 현관문 노크. 그리고 이제는 이것까지.' 제임스 이의 아내인 수보의 정신적 고통과 한계 그리고 격한 감정('그리고 이제는 이것까지.')을 조사관들의 편견('첩자는 전형적으로 이중, 심지어 삼중 생활을 했다. 그 패턴에 딱 들어맞았다.')과 자유롭게 대비시키고 있는데, 이것은 화법의 효과다.

위의 이야기 기사는 실제 우리가 자주 접하는 스트레이트 기사문과는 확연하게 다른 점들이 있는데, 정리하면 다음과 같다. 사건 그 자체와 결과보다는 자유간접화법 등의 기법을 통해 그 사건에 나오는 인물의 감정과 반응에 집중한다는 것이다. 여기에서도 제임스 이의 희망, 그의 아내 수보의 고통, 그리고 연방요원의 확신 등을 직접 목격하도록 하면서도 서술자의 내레이션을 명시적으로 끊지 않고 그 안에서 자연스럽게 녹아들도록 서술하고 있다. 이 화법은 문법적으로 보면 대명사와 과거 시제를 통해 서술자의 시점에서 구현된다는 점과 인물의 언어와 감정을 최대한 충실하게 반영한다는 점에서 전통적인 기사문에서 보기 힘든 이중적인 화법이다.

화법

화법은 이야기의 재현 가능한 범주와 서술의 목적에 따라 다르게 사용될 수 있다. 화법은 문법적, 구두법적, 수사법적인 양상에 따라 다양하게 구현된다. 가장 자주 사용되는 기법으로 직접화법, 간접화법, 자유간접화법이 있다.

1) 직접화법

이 발화법은 큰따옴표를 사용해 캐릭터의 말을 재현한다. 주로 직접적인 대화방식으로 사용된다. 예를 들자면,

그녀는 "나는 네가 정말 미치도록, 미치도록 보고 싶어."라고 말했다.

캐릭터가 직접 말하는 일반적 발화형태로 따옴표를 통해 시각적으로 쉽게 파악할 수 있다.

2) 간접화법

이 발화법은 서술자의 시점을 통해 캐릭터의 언어와 감정을 표현하는 발화법이다. 문법적으로 살펴보면 서술자의 시점을 통해 나타내지만, 의미상으로는 캐릭터의 언어를 부분적으로 반영하여 전달한다. 예를 들자면,

그녀는 그가 미치도록 보고 싶었다고 강조해서 말했다.

예시에서 볼 수 있듯이 이 발화법은 직접화법과 비교해서 생동감과 구체성이 떨어지는 단점을 가지고 있지만, 내용을 간략하게 요약함으로써 내레이션의 흐름을 막지 않는 장점이 있다.

3) 자유간접화법

자유간접화법은 캐릭터의 의식을 녹여내는 데 적합하고 캐릭터의 감정 상태를 구체적이고 생동감 있게 전달한다. 심지어 캐릭터

가 쓴 특징적인 단어, 혹은 감탄사까지 충실하게 반영할 수 있으므로 캐릭터의 감정을 간접화법보다 더 잘 느끼도록 해준다. 하지만 이런 장점들에도 불구하고 직접화법이나 간접화법과 같이 문법적 특징이 뚜렷하지 않아, 잘 파악하기 힘든 경우도 종종 있다. 예를 들자면,

> 전화를 받기는 했으나 한동안 그에게 말하지 않고 듣기만 했다. 그러다 그녀는 뜬금없이 지금 자기 기분이 매우 더럽지만 사실은 정말 미치도록, 미치도록 보고 싶었다고 말해 버렸다.

대명사와 부사, 시제("그녀," "뜬금없이," "~고 말해 버렸다") 서술자의 시점을 반영하고 있지만, 문장의 대부분은 그녀가 사용한 단어를 그대로 사용하고 있다고 볼 수 있다. 다시 말해서 자연스러운 흐름이라는 장점도 있지만 같은 이유로 자유간접화법과 내레이션의 경계가 정확하게 파악이 되지 않아 글의 문맥에 보다 집중해야 하는 단점도 있다.

2. 장소와 스토리

　공간과 장소에 대해서는 케빈 린치Kevin Lynch, 에드워드 렐프 Edward Relph, 앙리 르페브르Henry Lefebvre, 이-푸 투안Yi-Fu Tuan 등 다양한 학자들에 의해 긴 시간 논의된 바 있다. 건축학, 인류학, 지리학, 도시학, 문학 등에 나타난 공간과 장소를 경험하는 방식은 사뭇 다를 수 있다. 이-푸 투안에 따르면 공간은 물리적 실체이고 장소는 경험적 실체다. 공간은 서술자의 시점에서 상하, 좌우, 전후의 방향성을 통해 구도와 동선의 환경이 주어진 곳이다. 장소는 서술자에게 기호, 경험, 활동 등이 매개되어 의미 있게 재구성된 인간적인 환경이다. 소설『인 콜드 블러드In Cold Blood』는 이러한 공간과 장소의 관계를 소설의 도입부분에서 독자들에게 구분해 준다. 미국인에게 동기가 불명확한 살인이 언제든 일어날 수 있다는 인식을 준, 그리고 낯선 이방인을 바라보는 눈빛이 달라진 계기로 홀컴Holcomb 마을에 대한 설명을 통해 공간이 장소로 변하는 과정을 서술하고 있다.

　　홀컴 마을은 캔자스 서부, 밀을 경작하는 높은 평원 지대에 있다. 캔자스의 다른 지역 사람이 '저쪽 밖'('Out There')이라고 부르는 외딴 지역이다. 콜로라도 주 경계에서 동쪽으로 110킬로미터 떨어진 시골인데 굳건한 푸른 하늘과 사막같이 맑은 공기 때문에 중서부라기보다는 극서부라고 하는 것이 어울릴 분위기를 자아낸다.

소설의 도입은 당시 미국인들에게 홀컴이라는 장소감이 전혀 없는 "저쪽 밖" 공간이 "끔찍한" 의미가 부여된 장소로 바뀌는 "그때, 11월의 그날 아침, 아주 이른 일요일 아침 바로 그 시간"부터 시작된다. 11월 중순의 어느 날 아침 이전까지만 해도 미국인들에게 홀컴은 위치 정보 외에는 특별한 의미가 없는 공간에 불과했다는 것을 강조한다. 소설은 그 날을 기점으로 미극인들이 홀컴을 새로운 형태의 살인이 일어난, 그리고 이방인에 대한 인식이 바뀐 장소로 기억하게 되는 과정을 설명하고 있다.

'공간'은 개인적 가치나 사회적 함의가 없는 물리적 공간이다. '장소'는 반대로 단순한 공간 이상의 것이며 인간의 경험에 의해 새롭

[그림 6.2] 음식과 냄새로 재구성한 맨해튼
(뉴욕타임즈 2009년 8월29)

게 만들어진 곳이라고 설명할 수 있다. 이 장소의 공간적인 실제 크기나 형태는 중요하지 않다. 왜냐하면 그 장소가 지닌 의미는 인간의 경험을 통해 욕망과 목표가 가득 찬 곳으로 탈바꿈하기 때문이다.

다음은 맨해튼의 물리적 공간을 음식과 냄새로 재구성한 지도다. 장소화란 이렇게 사람들이 가치, 의도, 경험, 행동을 통해 물리적 공간을 관념화된 새로운 스토리의 장소로 변화시키는 과정을 의미한다.

공간에서 이야기가 가득 찬 장소로 변화하는 과정은 사람과 배경이 가진 다양한 문화적 맥락과 공간적 상호작용을 통해 이루어지는 중층 결정적 성격을 지닌다. 장소감은 사람이 공간에 주관적인 정체성을 부여하면서 시작된다. 일례로 실제 차별화된 의미가 없는 공간에 입구를 상징하는 시각적 장치를 만들어 어떤 구역의 입

[그림 6.3] 공동묘지 입구

구로 인식하게 하는 경우가 있다. 예를 들어 광활하게 펼쳐진 대지 한가운데 위치한 공동묘지로 가는 길이 따로 있을 수 없다. 수풀이 우거진 그늘진 계곡 길 혹은 숲속 나무 그늘을 따라 난 숲길 혹은 자동차가 오가는 비포장도로 옆 수풀 사이로 생긴 오솔길 등 공동묘지에 이르는 길은 많지만, 그중 한 곳에 입구로 인식되는 상징물을 위치시키면 사람들은 이내 그곳을 오싹한 기분을 느끼게 하는 공동묘지 입구로 인식하게 되는 것이다.

사람들이 공간에 가치를 부여하고 그들 주변을 의미 있는 세계로 재구성한다. 공간에 기능과 관련된 가치(입구, 출구, 기다리는 곳, 머무는 곳, 걸어가는 곳)를 부여함으로써 장소감을 형성할 수 있다.

공간의 시각적 정체성과 서사적 시퀀스를 부여하는 것은 모호한 공간을 길들이는 것과 같다. 실제 크기나 깊이, 위치 등 개인에게 모호하고 파악하기 힘든 공간을 스토리가 가득 찬 장소로 변화시키는 장치에 대해 예시해 보고자 한다.

■ 비유적 표현과 시각적 정체성

비유적 표현은 문학작품 속에만 있는 것은 아니다. 원래 은유란 어떤 대상을 설명하기 위해 다른 대상을 사용하여 표현하는 것이다. 물리적으로 자연스럽게 관계되지는 않지만, 그 대상의 특성을 이용하여 본질에 대해 에둘러 표현한 것이다. 예를 들면 '당신을 사랑합니다.'를 표현하기 위해 빨간 장미꽃 다발을 전하는 것과 같다. 사랑하는 마음과 장미의 붉은 색은 열정이라는 경험상의 본질을 공유하고 있기 때문에 장미라는 기호가 사랑의 마음으로 작동하는 것이다. 꼬마 아이가 깊은 숲속에 위치한 난생 처음 간 숙박업

[그림 6.4] 암센터 앞 미로 조형

[그림 6.5] 선죽교

소를 '일곱 난장이의 오두막'이라고 표현한다면 동화의 맥락을 옮겨서 이해하기 좋은 방법으로 새로운 동화적 은유를 창출한 것이다. 예를 들어, 암 환자가 치료를 위해 암센터로 가는 길목에 위치한 미로를 걷게 된다면, 그 환자에게 미로는 은유로서 삶에서 마주한 고난과 난감함을 암시한다고 볼 수 있다.

　은유가 두 대상의 본질적 유사성을 이용한 표현이라고 한다면 환유란 공간적 인접성을 통해 개념을 확장한 표현이다. 예를 들면, '청와대가 우려를 표했다.'라는 표현은 공간적 인접성을 통해서 대통령의 입장인 것으로 이해할 수 있다. 우려의 주체는 청와대란 물리적 건물이 아니고 그곳의 주인인 대통령을 대신하는 표현이다. 또 다른 예로 역사적 관광지를 들 수 있는데. 광통교는 서울 청계천에 위치하여 왕권 다툼의 상흔이 새겨진 장소였다는 것을 환기하고, 개성의 선죽교는 신하의 충성심과 절개를 연상시키는 환유의 장소로 거듭남을 알 수 있다.

　아이러니 혹은 역설은 겉으로 표현된 것과 실제 의미하는 것의 차이에서 나오는 효과를 말한다. 공간적으로는 건물의 외관과 기능의 부조화를 통한 아이러니를 들 수 있다. 예시된 남양주에 있는 화장실은 피아노 모양으로 마치 악기 박물관 같은 모양을 하고 있는데, 화장실이란 기능과의 모순이 인상적인 장소다. 뉴욕시의 스탠다드 호텔의 화장실 역시 아이러니의 장소로 이해되는데, 이것은 본질과 외관의 모순에서 발생하는 효과다.

[그림 6.6] 남양주의 피아노 모양 화장실

[그림 6.7] 뉴욕의 스탠다드 호텔 화장실

■ 스토리 지도와 공간경험의 서사화

　공간은 물리적으로 객관화하여 재현할 수도 있지만, 이야기를 통해 자신의 경험과 가치를 담아 재구성하여 색다르게 기억되고 재현될 수도 있다. 공간의 경험이 서사적으로 재구성되어 오랜 기억으로 각인된다면, 공간은 스토리를 기반으로 한 상상의 지도 형태로 나타난다. 실제의 물리적 크기와 관계없이 개인의 공간 경험에 따른 중요도로 구분하여 감정적으로 중요한 장소는 큰 의미를 부여하고, 사소한 장소나 관심이 없는 장소는 아무런 의미를 부여하지 않을 수 있다. 이러한 스토리 지도는 개인이 경험하는 비언어적 공간이 어떻게 서사적인 구조의 틀로 인식되는지를 보여준다.

예를 들면, 등교로 익숙한 길은 구체적이고 실제보다 크게, 피하고 싶은 선배나 불량스러운 학생들이 자주 나타나는 길은 어둡게, 가보지 않은 경험의 경계 밖은 아무것도 존재하지 않는 공터로 재현할 수 있다. 이는 공간 경험의 서사화를 통해 마을을 이야기 장소로 변모시켰다고 볼 수 있다.

스토리 지도는 현실과 상상, 왜곡에 기초한 개인 내면의 심상에 새겨진 지도다. 개인의 추억이나 경험과 연결되기 때문에 같은 장소라도 개인마다 모두 다를 수 있고, 개인의 선호도나 신체적 조건이 사람마다 다르므로 시각, 청각, 후각, 촉각 등 오감의 기억도 다를 수 있는 것이다. 실제 지도와 비교했을 때, 스토리 지도는 인간이 무엇을 중요하게 생각하고 오래 기억하는지를 보여줄 수 있어 환경심리학, 도시계획, 레크리에이션 및 관광, 조경, 건축의 분야에서 활용된다.

공간적 재구성과 같이 우리는 공간과 관련된 가치나 목적에 따라 경험을 재구성하거나 특징 있게 서사화할 수 있다. 이야기는 시간 속에서 발생한 사건들에 관한 언어적 표현이다. 이러한 사건들을 순차적으로 배열하여 말하는 것이 이야기의 구성적 자질이며, 여기에 의미가 부여됨으로써 단순한 사건의 연속이 선택과 배열을 통해 '플롯'으로 구성된다. 예를 들면, 테마파크는 공간에 일정한

테마를 중심으로 활동과 놀이를 배열함으로써 서사적 시퀀스가 있는 장소로 탈바꿈된다. 공간의 점유와 관련된 익숙한 캐릭터, 가능성 있는 플롯의 구조, 그리고 장소의 관계망을 통해 서사가 형성된다고 할 수 있다.

사람들은 공간과 관련된 이야기를 생산하면서 개인의 정체성을 찾는다. 이러한 과정을 통해 복잡한 현실 속에서 분열되었던 경험을 의미 있게 기억하고, 사유하는 주체로서 통합해 나간다. 결국, 이야기는 자기 자신의 시간성을 이해하고 삶의 과정을 의미 있는 기억으로 만들기 위한 사유의 수단이다.

다음은 새로운 공간을 경험하는 관광활동을 플롯 구조를 통해 설명한 것이다.

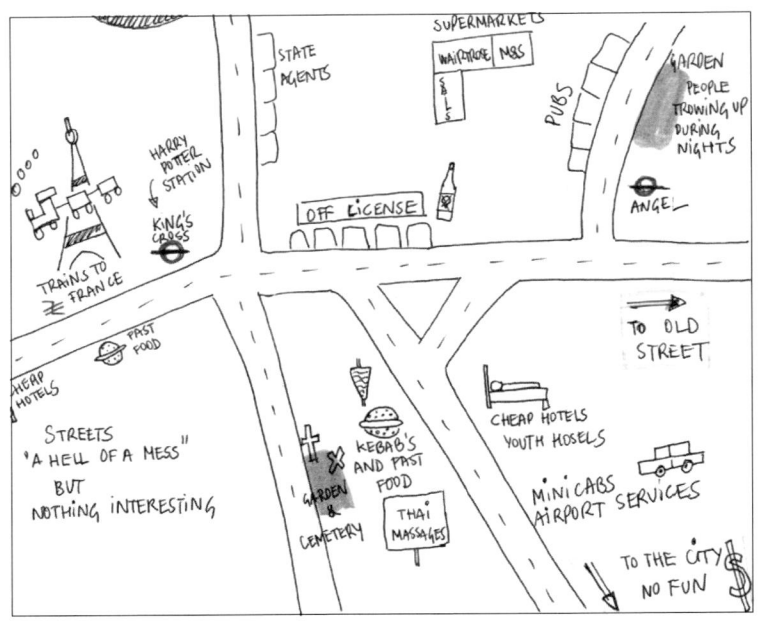

[그림 6.8] 스토리 지도

1) 발견 서사

발견 서사란 새로운 관광지 여행을 통해 그 장소에서 자신이 알지 못했던 것들을 찾아내고, 무엇인가를 발견하는 플롯 구조다. 교육 목적의 여행이 이러한 플롯으로 인식될 수 있다. 박물관과 명승지와 같이 그 장소에 가서 새로운 정보를 얻는 것 또는 새로운 지식을 획득하는 것을 목표로 한다.

2) 추구 서사

추구 서사란 한 가지 목표를 정해 놓은 후 특정한 장소에서 획득하는 플롯의 구조다. 예를 들면, 친구들과 함께 지역 축제에 참여하기 위한 여행을 간다거나 자신이 평소에 흥미를 가졌던 주제나 먹거리를 찾아 돌아다니는 과정의 기술일 수 있다. 탐색 서사라고도 한다.

3) 탈출 서사

탈출 서사는 현재 상황에 대해 불만이 있거나 자신이 하고 싶은 일이 있음에도, 현실이라는 제약에 묶여서 하지 못했던 환경으로부터 탈출하는 것이 목적이다. 일에 치여서 지친 나 자신을 힐링하기 위해 오랜만에 섬이나 바다로 가는 여행을 예로 들 수 있다.

4) 변화 서사

변화 서사는 개인이 여행을 통해서 이전의 자신의 모습과는 다른 모습으로 돌아오는 형식을 말한다. 예를 들면 숨겨진 자기 자신의 진정한 자아를 찾기 위해 배낭여행을 떠난다거나, 혼자 사람들을 만나면서 자신의 모습을 낯선 사람들의 눈을 통해 되돌아보는 1인 여행을 들 수 있다.

 아래의 부여와 공주 여행지를 대상으로 한 설문과 여행 후기에서 여행자는 다음과 같은 플롯으로 자신의 여행을 인식하고 있음을 알 수 있다.

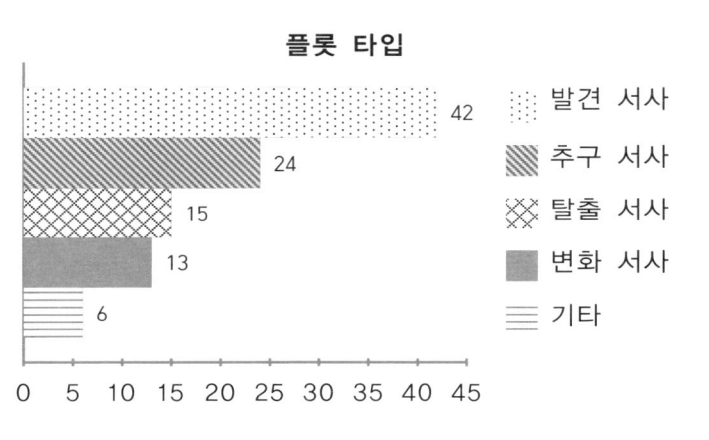

[그림 6.9] 부여와 공주를 대상으로 한 플롯 타입 그래프

3. 스토리텔링 활용 교육

■ 스토리텔링을 활용한 교육

어린 시절 할머니가 해주셨던 이야기를 생각해 보자. 수도 없이 들었던 비슷한 혹은 똑같은 이야기였지만 들을 때마다 흥미와 긴장을 느꼈던 것은 스토리가 가지고 있는 독특한 재미와 자연스러움에 기인한다. 이와 같이 스토리텔링은 유아기부터 교육적으로 활용되어, 스토리를 들은 아이가 그것에 깊이 몰입하고 인물의 호소에 공감하여 우리가 세상을 배우고 경험하는 데에 좋은 영향을 준다. 뿐만 아니라 우리가 성장하면서 스토리를 만들고 전달하는 과정에서 스스로 스토리텔러가 되기도 한다. 문자를 배운 후에는 책을 통해 보다 많은 스토리를 경험하고, 스스로도 글을 써서 스토리를 만들어낸다. 이와 같이 교육에서는 말하기와 쓰기 모두 스토리텔링의 중요한 과정이 되며, 이는 타 문화에 대한 이해, 논리적 사고의 함양, 소통을 통한 공감 능력의 배양이 가능하게 한다.

앤 크윈Ann Kwinn는 스토리를 교육에 활용하기 위해서는 첫째로 지식의 예시로서 스토리를 소개하고 학습자가 스토리에 몰입하도록 유도하는 것이 중요하며, 둘째로 보다 높은 교육효과를 얻기 위해서 실습과제에서 스토리를 활용하도록 지도하는 것이 필요하다고 주장했다. 그녀는 콘텐츠의 구성과 과제수행 과정에서의 스토리는 일상에서의 경험 가능성이 커야 하며 이해하기 쉽게 상징적으로 사용되어야 한다고 덧붙였다. 예를 들어 '누가 내 치즈를 옮겼

을까'와 같은 글은 쥐가 치즈를 찾는 과정을 상징적으로 보여주며 누구나 일상에서 경험할 수 있는 변화의 중요성을 이야기하고 있다는 점에서 스토리텔링을 잘 활용한 예라고 할 수 있다.

스토리텔링 기법을 활용한 교육이 성과가 큰 이유는, 우리가 지식을 습득하는 과정 자체가 세상의 존재물과 그것의 기능과의 연결, 그 연결 과정에서의 의미, 그 의미가 해석되는 문맥들을 경험하는 것으로 구성되어 있으므로 유의미성이 담보되는 스토리텔링 기법이 자연스러운 지식네트워크의 축적에 잘 어울리기 때문이다. 또 다른 이유는 공감성에 있다. 누구나 경험할만한 소재로 구성된 스토리는 학습자의 공감 영역을 자극하여 학습과정에 몰입할 수 있게 해준다. 일반적으로 학습의 가장 중요한 요소로 학습 동기를 이야기하는데, 동기 유발은 공감과 밀접한 관계에 있으므로 잘 구성된 스토리를 활용하면 학습동기가 커질 수 있다.

최근 우리나라 교육계에서 스토리텔링 기법을 활용한 수업이 여러 교과목, 예를 들어, 국어(김근호, 2008; 김은성, 2007, 박인기, 2011), 수학(조한혁과 송민호, 2014), 영어(신동일, 2009), 미술(김형숙, 2018) 등에서 제안되고 설계되었다. 이들 연구에서 스토리텔링 교육의 효과로 공통적으로 언급된 사항은 다음과 같다. 스토리텔링 기법을 이용한 수업에서는, 첫째, 학습자가 자기주도적 학습을 하게 되고, 둘째, 일상생활에서 학습자들이 경험한 사항들과 교과 지식이 연계되어 지식과 실제의 연결고리가 생기게 되며, 셋째, 창의력 신장 과정이 매우 입체적이고 역동적으로 이루질 수 있고, 넷째, 스토리의 정서 이해를 통해 정서교육이 자연스럽게 이루어질 수 있다는 것이다.

교육에서는 주로 문학 관련 수업시간, 특히 소설을 다루는 수업시간에 스토리텔링 기법이 사용되었다. 그러나 예술 교육에서도 음악적 혹은 미술적 가치를 형상화하는 과정에서 스토리텔링 기법이 적용될 수 있다. 예를 들어, 최근 TV의 자동차보험 광고를 보면, 미술 선생님이 노르웨이 화가 에드바르 뭉크Edvard Munch의 그림 <절규>를 학생들에게 보여주면서 이렇게 말한다; "이 그림에서 뭉크가 표현하고자 했던 것은?" 이 질문에 학생 중 한 명이 다음과 같이 답한다; "자동차 사고?" 미술작품을 매개로 이루어진 선생님과 학생의 소통은 그림을 통해 작가가 형상화하고자 한 스토리를 발견해나가는 과정이다. 거꾸로, 선생님이 학생들에게 인생에서 가장 행복한 순간을 그림으로 그리라고 하면 학생들은 그 순간을 형상화하면서 자기만의 스토리텔링을 하게 되는 셈이다.

스토리 접근성과 연결성이 매우 높은 문학-예술 외에도 다양한 교과 교육에서 스토리텔링 방식이 활용되고 있는데, 다음에서는 외국어교육과 수학에서의 스토리 활용에 대해 살펴보기로 한다.

■ 외국어 학습에서의 스토리텔링 활용

외국어 학습에서 스토리텔링 기법의 활용은 그 역사가 오래되었다. 스토리텔링의 기본적인 소재가 자신의 일상생활에서의 경험이므로, 외국어 학습에서는 자신의 경험을 목표어로 이야기하거나 쓰도록 유도하는 활동들이 자주 이용된다. 이런 활동 중에는 공동체 언어학습법Community Language Learning이 대표적인 교수방법이다. 이 방법에서는 학생들이 원형으로 둘러앉고 선생님은 사회자이자 상담자 역할을 하며, 학생들은 경험을 목표언어로 이야기하고 나머지 청자인 학생들은 그것을 받아 적거나 녹음하는 활동을 주로 한다. 이 과정에서 학생들은 스토리텔러가 된다. 학생이 목표언어 말하기 능력이 부족한 경우, 모국어로 이야기를 하면 선생님이 목표언어로 통역을 하기도 한다. 통역과 따라하기의 과정이 수반된 공동체 언어학습법의 수업 과정을 예시로 소개하면 다음과 같다(남성우, 2006).

<표 6.1> 공동체 언어 학습법의 수업 과정

단계	활동	내용
1	번역	학습자가 모국어로 이야기하면 교사가 학생 뒤에 가서 조그만 목소리로 목표어로 번역을 해주고 학습자는 번역된 내용을 큰 소리로 반복한다.
2	녹음	학습자들은 목표어로 말한 내용을 녹음한다.
3	전사	녹음한 발화와 대화 내용을 전사한다.
4	분석	학습자들은 특정한 어휘의 용법이나 문법 규칙에 역점을 두어 영어로 전사한 내용을 분석하고 학습한다.
5	성찰과 관찰	학습자들은 학급과 분단에서 자기가 경험한 것과 다른 학습자들에 대한 느낌, 침묵에 대한 의견, 말하려고 했던 내용 등을 회상하여 보고한다.
6	경청	교사가 학습 내용에서 중요한 부분이나 학생의 요구에 관하여 말해주면 학생들은 귀를 기울여 듣는다.
7	자유 대화	학습자들은 교사나 다른 학생들과 서로 의견을 교환하며 자유스럽게 대화한다.

신동일(2009)은 일반적으로 모국어 습득에서 스토리텔링 능력과 의사소통 능력이 상관관계 있음에 주목하면서, 특히 스토리텔링 능력이 읽기와 쓰기에서의 학업 성취도와 긍정적 관계에 있음을 보고하였다. 이런 점은 외국어 학습에도 유사하게 적용되지만, 외국어 학습에서는 목표언어의 문화를 이해하는 것이 기본적인 목표

이고 문화적인 차이가 스토리 구조나 전개 방식, 또는 소재라는 점에서 모국어 습득의 경우와는 차이가 있다고 하겠다. 예를 들어, 서사 구성에서 등장인물의 역할을 살펴보면, 백설공주 이야기와 영화 <스타워즈Star Wars>에서 악인은 어머니 위치에 있거나 아버지인 것처럼, 서양에서는 대체로 나이가 많은 사람들이 잘못을 하거나 악행을 저지르지만, 동양 민담에서는 나이가 많은 사람들이 지혜롭고 현명하여 잘못을 저지르는 젊은이를 훈계하고 옳은 길로 이끄는 경우가 많다. 또 다른 예로, 서사 구조에서 서양은 대체로 하나의 주제를 관통하는 이야기가 전개되면서 기승전결이 명확한 반면, 아프리카나 아랍 지역의 이야기들을 분석해보면 기승전결의 명확성이 다소 떨어진다. 이와 같이 외국어 학습자들은 목표언어 학습 과정에서 스토리를 접하면서 문화의 차이를 경험하게 된다. 그들이 목표언어의 쓰기와 말하기의 유창성을 높이기 위해서는 그 언어의 서사적 특징을 이해하고 활용할 줄 알아야 할 것이다.

영어를 학습하는 한국인 학습자들은 스토리텔링 기법을 활용한 학습을 통해 영어의 서사구조와 소재 등에 친근해질 수 있는데, 아래에서 신동일(2009: 447-448)에서 소개한 여러 학습 활동 중 청개구리 우화를 활용한 두 가지 학습활동을 살펴보자.

1) 이야기 분석

개별 과업

㉠ 아래 이야기를 읽는다.
㉡ 이 이야기를 초반, 중반, 종반의 세 부분으로 나누어 본다.
㉢ 이 이야기를 가치 있게 만들어 주는 부분에 밑줄을 긋고 이 이야기가 어떤 가치가 있는지 설명한다,
㉣ 이야기의 종결 부분에 각자가 덧붙일 수 있는 말이 무엇인지 생각해 본다.

There was once a young frog who was always getting into trouble. No matter what his mother told him, he did the opposite.
If she said, "go to the right," he went to the left.
If she said, "Don't get dirty," he jumped right into a mud puddle.
The mother realized that if she wanted her son to do something, she had to tell him to do the opposite.
So when the young frog was making too much noise in the house, she would say, "It is a shame it is too cold to play outside."
Before long, he'd be out the door and she'd finally have some peace and quite.
The years passed by and the mother frog grew quite old.
The mother decided that when she died she wanted to be buried on the mountainside.
Her grave would overlook the beautiful river where she had spent her whole life.
So she called her son to her bedside and told him to do the opposite.
"Please," she begged him, "listen carefully to my final wish. When I die I want to be buried by the river. Do not bury me on the mountain."
However, when she died, the frog felt terrible about never listening to his mother.
For the first time in his life, he decided to obey her.
He buried his mother right by the river.
Not long after she died, there was a big storm.
It rained for many days and the river began to overflow. The frog worried that his mother's grave would wash away. He sat by her grave and croaked in a sad voice. And to this day, whenever it rains, frogs sit beside the river and croak their sad songs.
<Martha Hamilton and Mitch Weiss (2005) Children Tell Stories 2nd Ed.>

2) 스토리 완결하기

짝 활동

  ㉠ 아래와 같이 주어진 이야기의 핵심부분을 살펴본다.
  ㉡ 필요한 정보를 채워서 이야기를 완성한다.
  ㉢ 짝과 함께 서로 이야기를 어떻게 완결했는지 의견을 나눈다.

I was _____ in ...
(Tell a description of where you were and what you were doing.)

The reason I wanted to _____ ...
(Tell why you felt this way and what you decided to do about it.)

I went to _____ and _____
(Tell what you decided to do.)

_____ told you that ...
(Tell what happened next.)

So after that, I decided to ...

In the end, I ...

첫 번째 활동은 문장 단위로 끊어져서 제시된 청개구리 이야기를 읽고 도입-전개-결론 부분으로 스토리 구조를 찾아내 학습자 스스로 이 스토리에 이야기를 추가하는 등의 활동으로, 서사구조를 명확히 이해하는 연습을 하게 한다. 반면에 두 번째 활동은, 모델로 주어진 서사구조와 기본 표현들을 활용하여 개인의 이야기를 창작하는 활동으로 이 활동에서도 역시 명확하게 기승전결로 스토리를 구성하고 그 과정에서 필요한 기본 표현을 익히게 된다.

외국어 학습은 읽기와 듣기의 이해 기능, 말하기와 쓰기의 산출 기능을 훈련하는 과정이 주가 된다. 이 과정에서 학습자의 흥미를 이끌 수 있는 문화 소재가 담긴 스토리를 활용하여 목표 문화의 개념이나 이야기 구조 등을 경험하고 스스로 그것에 기반하여 스토리텔링을 훈련하게 되면 의사소통 능력의 향상에 큰 도움이 될 것이다.

■ 수학에서의 스토리텔링 활용

수학에서 스토리텔링 활용이 권장되는 이유는 우리나라 수학교육의 모순적 특성에 기인한다. 우리나라 학생들의 국제적인 수학 성취도는 최상 수준이나 흥미도는 최하 수준이다. 수학적 수월성이 뛰어난 소수의 학생이 얻는 성취도보다 중요한 것은 그렇지 않은 학생이 수학에 흥미를 느껴 학습동기를 유발하고 수리논리적 사고력을 키우게 하는 것이다.

제롬 브루너Jerome Bruner는 인간이 세상과 자신의 경험을 해석하고 이해하는 데 사용하는 사고방식을 패러다임 방식paradimatic mode과 내러티브 방식narrative mode, 두 가지로 나누고 있다. 전자는 수리과학적인 지식 접근 과정이 관련되고 후자는 유의미성이 기초가 되는 문맥 속에서의 지식에 대한 접근 과정이 관련된다. 이런 이분법하에서 수학의 전통적 교육방식은 패러다임 방식을 채택하곤 했는데, 수학을 비롯한 자연과학의 지식에 대한 공감성의 확장을 위해서는 패러다임 방식보다는 내러티브 방식이 더 효율적일 수 있다. 스토리텔링 기법을 활용하게 되면 일상과 연결되지 않는 것으로 보였던 수리논리적인 개념 지식이 학습자의 일상으로 다가와 이해하기 쉬워지며, 스토리 중심 수학 과제를 수행하면서 일상에서 수학적 문제를 해결하고 기본 개념을 응용하는 매우 창의적인 과정을 경험하게 된다.

이와 같은 이유로 교육부는 2012년에 발표한 수학교육선진화방안에서 수학교육에서의 스토리텔링 기법 활용을 권장하였고 현재 초등학교와 중학교에서 스토리텔링 수학교과서가 사용되고 있다. 다음은 조형숙(2014: 37)에서 제시된 스토리텔링을 활용한 유아 수학 교수-학습과정이다.

<표 6.2> 스토리텔링을 활용한 유아 수학 교수 학습과정

1	이야기 감상하기	수학적 요소가 내재되어 있는 이야기를 감상한다.
2	수학요소 탐색 및 문제 인식하기	이야기를 회상하면서 이야기 속의 수학요소를 탐색해보고, 문제 상황을 인식한다.
3	탐구하기	이야기 관련 수학적 문제 해결을 위해 다양한 형식의 활동을 전개한다.
4	연계하기	수학탐구 경험을 자유선택활동 시간 수학영역 및 다른 영역과 연계하여 확장한다.

유아나 초등 저학년에서 접하는 수학은 난이도를 고려할 때 일상적인 활동으로 스토리를 구성하여 그 개념들을 소개하기가 쉬울 것이다. 고등학교 수준으로 올라가서는 성인학습자가 되면서 수학을 객관적 규칙의 집합으로 여기고 문제를 푸는 과정을 공식화해서 수학적 개념을 지식화하는 경향이 있는데, 그럼에도 불구하고 고교 과정에서도 스토리텔링을 활용하고자 하는 많은 시도가 있다. 그중 이상구, 신준국, 김경원(2014)의 스토리텔링을 활용한 미적분학 단원 개발 사례를 살펴보자.

이상구 외 2인(2014,: 69)은 개발된 교과서의 스토리텔링 활용 수업

체계를 다음과 같이 제시하고 있다.

<표 6.3> 스토리텔링 활용 수업 체계

1	도입	수학사와 관련된 이야기와 실생활에 활용되는 일화를 소개하며 미분적분학의 본질을 묻는 질문으로 학습 동기를 부여한다.
2	전개	판타지스토리 전개의 기법 또는 실생활에서 발생하는 문제를 해결하는 과정에서 수학적 개념을 이야기를 따라가는 과정에서 이해하도록 한다.
3	정리	이야기를 통해 형성된 수학적 개념을 명확한 수학적 언어로 정리하여 제시하며 이해하도록 한다.
4	확인	도입된 개념을 잘 알고 있는지 간단한 연습문제로 확인한다.
5	적용	학생들 수준에 따라 주제에 관한 이야기를 소개하거나 수학사를 활용한 문제 또는 실생활 형태로 제기된 문제 상황을 제시하여 해결할 수 있도록 한다.
6	공학적 도구의 활용	연습문제를 공학적 도구(Sage)를 이용하여 풀어 보고 보다 복잡하고 어려운 문제를 해결할 수 있도록 한다. 또한 QR코드를 이용하여 소셜 네트워크(SNS)로 의견과 생각을 공유할 수 있도록 유도하고 BBS를 마련해 질의응답이 자연스럽게 이루어지도록 유도한다.

이 체계에 따라 함수의 증가와 감소에 대한 수업을 진행한다면, 도입 부분에서는 도함수에 대한 역사적 자료나 신문기사를 소개하여 학습동기를 부여하고 전개부분에서는 스토리텔링 기법으로 학생 스스로 내용을 이해하도록 한다. 아래는 스토리텔링 기법이 본격적으로 활용되는 전개 부분의 예시다.

혜미는 친구들과 작은아버지가 일하고 계시는 놀이공원에 놀러 갔다. 혜미의 작은아버지는 혜미가 사무실로 들어오는 줄도 모르고 놀이기구를 설계하시는 일로 깊이 고민하고 계시다가 혜미를 보셨다.

작은아버지 : 음, 혜미 왔구나!
혜미 : 안녕하세요, 작은아버지? 어 그런데, 무슨 일로 그렇게 고민하세요?
작은아버지 : 응, 놀이기구를 설계하다 보니까 3차 함수식을 구해서 그 모양대로 놀이기구를 제작해야 되는 상황인데 그게 쉽지가 않구나. 장애물을 피해서 제작해야 되기 때문에 좌표평면 위에서 생각하면 네 개의 점 (-5, -2), (-2, 25), (0, 3), (2, 5)를 꼭 지나도록 만들어야 한단다.
혜미 : 작은아버지, 네 점을 알면 3차 함수는 구할 수 있는 거 아니에요? 먼저 3차함수의 일반형 $y = ax^3 + bx^2 + cx + d$ 에 네 점 (-5, -2), (-2, 25), (0, 3), (2, 5) 대입하여 나오는 연립방정식을 풀면 되는 거잖아요?
작은아버지 : 그렇지, 그렇게 구한 삼차함수의 방정식이
$$y = x^3 + 3x^2 - 9x + 3$$ 이란다. 문제는 이 곡선이 어디서 올라가고 어디서 내려오는지, 또 어디서 방향을 바꾸는지를 도무지 모르겠거든…
혜미 : 아, 이 곡선이 정확히 어디서 방향을 바꾸는지, 즉 함수의 그래프가 어디서 올라가고 어디서 내려가는지를 알아내야 한다는 거군요?
작은아버지 : 그래야 장애물을 피해서 롤러코스터를 제작할 수 있을 텐데, 고민이구나.

(교사) : 여러분, 이 3차함수의 그래프가 어느 구간에서 올라가고 어느 구간에서 내려가는지, 즉, 어느 구간에서 증가하고 어느 구간에서 감소하는지를 어떻게 알 수 있을까요? 생각해 봅시다.

이 전개에 이어 정리 단계에서 이야기를 통해 형성된 함수의 증가와 감소의 개념을 수학식으로 제시하여 개념화한다. 확인 단계에서

는 제시된 연습문제를 푸는 과정을 가지며, 공학도구 활용 단계에서는 공학계산 사이트나 기구를 활용해 추가적인 문제를 푸는 실용적 과정을 거친다.[1]

이상에서 우리는 외국어교육과 수학교육에서 스토리텔링 활용의 구체적인 예들을 살펴보았다. 교육은 지식의 습득 과정이 핵심이 되는데, 일상에서 지식의 활용을 목적으로 한다면 습득 과정에서도 일상에서 어렵지 않게 접할 수 있는 상황과 맥락 중심으로 지식이 제시되는 것이 타당할 것이다. 그런 면에서 스토리텔링은 학습자들에게 일상에서의 활용에 대한 정서적 공감과 학습 동기 유발, 보다 쉬운 이해과정 등을 제공하여 교육 효과를 높이는 수단이 될 것이다.

---

[1] 이 단계들에서 앞서 제시된 체계의 적용단계는 생략될 수 있다.

4. 컴퓨터 게임과 스토리텔링

　스토리텔링의 기능은 우리의 일상에 깊이 작용한다. 예를 들어, 패션쇼의 경우, 행사의 틀로 스토리를 사용하여 신화적 스토리에 나타난 캐릭터의 컨셉에 맞는 옷을 입혀 관객의 집중을 이끌어내기도 한다. 현대적으로는 '깐깐하고 도도한 김 부장 패션'이라든가 '상큼한 새내기 신입사원 패션'과 같은 스토리의 캐릭터를 활용한다. 스토리텔링은 이런 캐릭터의 창조와 캐릭터의 전형적 이야기를 통해 다양한 분야에서 적용되고 있다.

　전통적으로 게임은 정교한 스토리 구조를 갖고 있지 않았다. 술래잡기나 구슬치기 등의 예를 보라. 그 게임들은 단순한 규칙에 단순한 과정을 밟게 된다. 특정한 참여자의 역할이 세분되거나 그들의 기능이 정교하게 짜여 있지 않다. 초창기 컴퓨터 게임의 경우도 그렇다. 소위 아케이드 게임이라고 하는 비행선이 상대 비행선 군단을 파괴하는 갤러그 프로그램이나 화면에서 내려오는 조각을 적절하게 맞추어 없애는 테트리스 프로그램 등도 스토리의 구조가 지극히 미약하며 점수 쌓기가 목적이다. 플롯 측면에서 보자면 선형적linear으로 정해진 순서에 따라 시작과 끝이 이미 완결된 구조다. 막다른 길 구조sequence with cul-de-sac로 게이머는 정해진 수순에 따라 게임의 진행을 경험한다.

[그림 6.10] 막다른 길 구조

  이렇듯 단순한 구조이지만 이야기적 상상력이 가미되면 손가락의 반복적 버튼 조작 이상의 의미를 갖는다. 예를 들어 외계인의 지구 침공, 납치, 인간의 저항, 구조라는 서사적 설정을 통해 게임 참여자들은 스릴과 재미가 있는 게임 세계로 인식할 수 있다. 즉, 참여자들이 배경 이야기back story를 간접적으로 인지하고 있는 경우 게임의 몰입도가 높아진다고 할 수 있다.

  게임의 플롯은 초기의 선형적 구조에서 비선형적nonlinear로 구조로 진화하며 다양한 가능성의 세계로 발전했는데, 예를 들면 게임이 진행됨에 따라 참여자의 선택과 결과에 따라 본선에서 복수의 세계로 분기하는 구조, 분기하다가 다시 본선으로 정렬하는 구조, 서사적으로 차별화된 다른 세계로의 탐색이 가능한 익스플로라토리엄exploratorium 구조가 그 예다.

  최근에는 IT 기술이 발달하여, 플롯 측면에서 다양한 세계로의 확장이 가능해져 정교한 스토리에 기반한 컴퓨터 게임들이 등장하고 있다. 일반적으로 스토리는 인간이 읽고 공감하는 수준에서 경험하지만, 게임의 스토리에서는 참여자가 등장인물들을 조작하거나 선택하면서 스스로 플레이하도록 유도된다. 각종 스포츠 컴퓨터

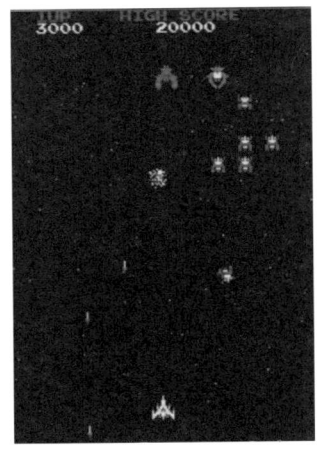

[그림 6.11] 갤러그 게임

게임에서는 참여자가 먼저 팀이나 선수를 선택하고 다른 참여자가 선택한 팀이나 선수와 대결을 하게 되는데, 이미 특정 팀이나 선수는 자체로서 스토리를 구성한다. 여러분이 축구 게임에서 우리나라 손흥민 선수가 있는 영국 프로팀을 선택한다면 그 팀의 역사와 전적 및 문화, 그리고 손흥민 선수가 갖는 상징성 등이 이미 스토리로서 자리 잡은 것이다.

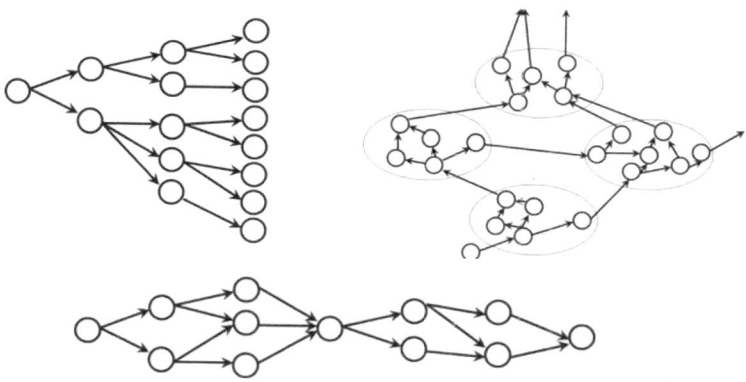

[그림 6.12] 위 왼쪽, 분사구조; 아래 왼쪽, 분사 후 정렬 구조; 오른쪽 위, 익스플로라토리엄 (Game Design Concepts by Ian Schreiber)

컴퓨터 게임들은 다수의 참여자가 원거리에서 하나의 게임에 협업이나 경쟁 관계로 동참하는 방식으로 진행되는 것들도 있다. 예를 들어, **MMORPG**(대규모 다중 사용자 온라인 롤플레잉 게임, Massively Multiplayer Online Role-Playing Game) 유형의 게임은 광대한 네트워킹을 활용하여 역동적인 가능성의 세계를 만들어낸다. 이 게임 유형에서는 주어진 것을 따라하며 스토리를 경험하는 것이 아니라, 이용자 스스로가 창조적으로 스토리를 만들어 갈 수 있다. 이 과정에서 스토리는 개인의 것이 아니라 공동의 것이 된다. 그리고 상호작용의 결과에 따라 스토리 라인이 바뀔 수 있으므로 참여자들이 함께 역동적인 변화를 경험하게 된다. 이를 통해 게임 참여자들은 다양한 스토리에 대해 다원적이고 다층적으로 사고를 하게 된다. 이 단계에서 참여자들은 게임세계의 외연 확장이라는 특별한 경험을 하기도 한다. 즉, 게임세계라는 가상의 공간과 현실의 공간이 경험적으로 연계되어 하나의 의미 있는 총체로서의 세계를 경험한다.

조셉 캠벨의 영웅신화 12단계로 이러한 가상과 현실이 중첩되는 역동적 세계를 설명하면, 게임의 세계가 현실과 단절된 도피 혹은 자유의 공간이 아니라 현실의 연장선에 있고 그 영향과 제약을 받는 스토리 세계라고 볼 수 있다. 예를 들어 보자. 게임 참여자는 현실의 세계에서 학생으로, 직장인으로 평범한 일상을 살아간다. 하지만 일상에서 동호회 등 오프라인 미팅을 통해 리니지에 대한 설명과 조언 등 상호 교류를 한다. 특정 전투에 참가하기로 하거나 역할에 대한 논의를 통해 가상의 세계 진입하기 전 예비 영웅으로서의 기대감을 키워간다. 그레이마스A.J.Greimas는 이러한 단계를 영웅이 되기 위한 잠재적 능력과 주체적 자격을 얻게 되는 다난한 노력과 경험의 과정으로 보고 자격시련Qualifying Trial이라 명했다. 이러한 일상 속의 과정을 거쳐 특정한 날, 특정한 멤버와 새로운 세계의 관문을 통과하고 특별한 세계에 진입하게 된다. 이 새로운 공간은 가상의 세계로 연속된 긴장과 게임의 몰입이 일어나는 게이밍gaming의 국면을 말한다. 그레이마스는 이 단계를 영웅과 적의 대치와 갈등을 통해 욕망의 대상을 획득하는 근본시련Principal Trial 과정이라고 보았다. 마지막으로 다시 일상으로 귀환하여 획득한 아이템과 스킬의 업그레이드를 확인하고 가상 세계에서 쟁취한 전적을 통해 영웅성을 다시 한번 확인하고 인식하는 과정을 영광시련Glorifying Trial이라고 부른다. 이는 다시 평범한 인격체로 돌아와 다음의 전투 참여를 준비하는 과정으로 현실-가상-현실의 연속적이고 순환적circular인 세계를 경험하게 된다.

<표 6.4> 조셉 캠벨의 영웅신화 12단계

1. 영웅은 평범한 일상의 세계를 살아간다.	자격시련 현실공간
2. 영웅은 모험의 소명을 받는다.	
3. 영웅은 소명을 거부하거나 숙명으로 받아들인다.	
4. 멘토의 격려와 도움을 받는다.	
5. 첫 관문을 통과하고 특별한 세계로 진입한다.	근본시련 가상공간
6. 영웅은 시험에 들고, 조력자와 적대자를 만나게 된다.	
7. 영웅은 가장 깊은 곳으로 접근하여, 두 번째 관문을 통과한다.	
8. 영웅은 시련을 이겨내고, 신과 같은 위치에 오르게 된다.	
9. 대가, 보상을 받는다.	영광시련 현실공간
10. 귀환 거부, 탈출, 구조를 거쳐 일상으로 귀환을 시도한다.	
11. 영웅은 세 번째 관문을 통과하며, 부활을 경험하고, 변모한다.	
12. 영웅은 혜택과 보물을 가지고 귀환한다.	

현대에는 휴대전화로 대표되는 모바일 기기의 기능이 향상되면서 위치 기반 기술을 활용한 게임들도 등장하고 있다. 이런 게임들은 현실공간과 가상공간의 경계가 없어지는 하이퍼-리얼리티 hyper-reality의 세계로, 참여자들이 일상 속에서 접하는 사물들이 게임 세계에 포함된다. 따라서 이 두 세계를 구별하는 것은 무의미하다. 이렇듯 기존의 컴퓨터 게임들이 갖는 스토리텔링의 상황에 변화가 일어나고 있는데, 모바일 위치기반 게임에서는 캐릭터와 맵, 그리고 각종 아이템을 정해지거나 제시된 순서 없이 참여자가 이

것들을 마음대로 연결하여 새로운 이야기를 만들고 경험할 수 있다. 이 게임에도 다수가 참여하면서 마찬가지로 스토리가 끊임없이 변화한다(전경란, 2008).

다양한 분야에서 이야기를 활용하는 이유는 사람들이 자연스럽게 새로운 정보를 이야기의 구조로 인식하고, 많은 정보를 이야기의 형태로 기억하기 때문이다. 인간은 호모 나렌스Homo narrans로서 이야기를 해야만 하는 동물이다. 끊임없이 이야기를 생산해 내고 소비하고자 하는 욕구를 가지고 있다. 따라서 사람들은 분야와 관계없이 새로운 이야기의 가능성에 늘 주목하고 있다고 할 수 있다. 이런 측면에서 디지털 서사로 포장된 컴퓨터 게임은 시공간을 현실과 가상의 세계로 교차시키면서 새로운 이야기를 생산할 수 있게 한다는 점에서 의의가 있다. 새로운 이야기는 예측 불가능한 인간의 삶과 그 궤를 같이한다. 이런 비예측성은 참여자의 주체적 활동에 의해 결과가 나오게 되므로 참여자들은 다양한 스토리의 구조를 경험할 수 있다.

일반적으로 컴퓨터 게임에 들어있는 스토리의 특성을 파악하기 위해서는 스토리텔링과 게이밍의 상호관계를 이해해야 한다. 이는 내러톨로지스트narratologist와 루돌로지스트ludologist 간의 해묵은 논쟁거리이자 근본적인 질문이기도 하다.

(1) 게임은 스토리인가? 아니면 플레이인가? 캐릭터의 상호작용과 플롯의 전개를 통해 만들어지는 서사(Narrative)인가? 아니면 룰(Rule)에 기반한 유희목적의 놀이(Play)인가?
(2) 게임은 서사를 꼭 필요로 하는가? 빠른 템포의 게임에 늘어지는 스토리는 분명한 저해요소다. 게임의 배경을 이루는 배경 스토

리는 필요한 것인가?
(3) 게임의 시간과 스토리의 시간은 다른 것인가? 게임의 시점(1,2,3 인칭 시점)과 스토리의 시점은 다른 것인가? 게임의 속도와 스토리의 속도는 다른 것인가?
(4) 플롯은 단일신화 하나의 플롯으로 환원되는 것인가? 플롯은 2가지인가? 36가지인가? 아니면 2399가지인가?
(5) 게임의 장르와 스토리의 장르는 어떻게 다른가?
(6) 게임 참여자는 수동적인가? 능동적인가? 아니면 게임 스토리의 창조자인가? 혹은 스토리 소비자에 불과한가?

우리가 앞서 다룬 스토리텔링 이론들이 이런 게임들의 개발에 어떻게 적용되는지도 위의 질문들을 통해 엿볼 수 있게 되었으리라 생각한다.

디지털 게임의 종류가 많고 그 목적도 다양해지고 있다. <페르소나> 시리즈처럼 스토리가 핵심적인 게임도 있고 블록 퍼즐 게임과 같이 플레이 자체가 즐거운 게임도 있다. 스토리텔링과의 접목을 통해 다양하고 창의적인 게임이 설계되고, 새로운 게임을 통해 참신하고 능동적인 스토리텔링이 가능하다고 믿는다.

🔶 6장에서 살펴본 스토리텔링의 활용 영역 외에 어떤 일상생활의 영역에서 스토리텔링이 활용되는지 구체적인 예를 들어 이야기해보자.

참고문헌

김근호 (2008). 스토리텔링의 서사 문화와 서사표현교육론-TV 방송 매체의 일상성을 중심으로. 국어교육학연구, 33, 229-266.

김은성 (2007). 이야기를 활용한 문법교육 가능성 탐색. 국어교육, 122, 353-384.

김형숙 (2018). 공간 스토리텔링을 활용한 내러티브 중심 미술교육의 실행. 서울대학교 대학원 석사학위 논문.

남성우 (2006). 언어 교수 이론과 한국어 교육. 서울: 한국문화사

박성희 (2017). 수사비평 – 커뮤니케이션이해총서(E-book). 서울: 커뮤니케이션스북스

박인기 (2011). 스토리텔링과 수업 기술. 한국둔학논총, 59, 411-435.

백선기 (2002). 텔레비전 문화의 기호학. 서울: 커뮤니케이션스북스.

송효섭 (2013). 소통을 위한 기호학, 인문학을 바꾸다. 서울: 이숲.

신동일 (2009). 한국의 영어 평가학: 스토리텔링편. 서울: 한국문화사.

이상구, 신준국, 김경원 (2014). 스토리텔링 수학 고과서에서 공학적 도구의 활용과 미분적분학 단원에 관한 개발 사례. 수학교육 논문집, 28(1), 65-79.

전경란 (2008). 모바일 게임의 스토리텔링 – 새로운 디지털 서사 경험의 창조. 인문콘텐츠, 12, 29-45.

정경진 (2018). 공간 스토리텔링을 활용한 내러티브 중심 미술교육의 실행. 박사학위논문, 서울대학교 대학원.

조한혁, 송민호 (2014). 실행식(Executable expression) 기반 SMART 스토리텔링 수학교육. 수학교육학연구, 24(2), 269-283.

조형숙 (2014). 스토리텔링을 활용한 수학교육. 유아, 놀이, 유아교육을 위한 평가의 미래. 한국유아교육학회 정기학술발표논문집 2014권 2호. 29-39

주디스 윌리암슨 저 박정순 역 (2007). 광고의 기호학. 서울: 커뮤니케이션

스북스

Bal, M. (1997). Narratology: Introduction to the Theory of Narrative. Toronto: University of Toronto Press.

Barthes, R. (1977). Image, Music, Text. (translated by S. Heath) London: Fontana Books.

Bell, J. S. (2004). Plot & Structure: Techniques and Exercises for Crafting a Plot That Grips Readers from Start to Finish. Cincinnati, OH: Writer's Digest Books.

Bruner, J. (1986). Actual minds, possible worlds. Cambridge, MA: Harvard University Press.

Burke, K. (1945). A Grammar of Motives. Berkeley, CA: University of California Press

Burke, K. (1957). The Philosophy of Literary Form – Studies in Symbolic Action. New York: Random House.

Campbell, J. (2008). The Hero with a Thousand Faces. Novato, California: New World Library.

Chatman, S. (1978). Story and Discourse. Ithaca, NJ: Cornell University Press.

Clark, K & Holquist, M. (1984). Mikhail Bakhtin. Cambridge, MA: Harvard University Press.

Freytag, G. (1894). Freytag's Technique of the Drama. Chicago: Scott, Foresman.

Greimas, A. J. (1983). Structural Semantics: An Attempt at a Method. Lincoln, NB: University of Nebraska Press

Kwinn, A. (2009, October 23). It's Story Time. TD Magazine.

Peirce, C. S., Houser, N. (Editor), Kloesel, C. J. W. (Editor) (1992). The Essential Peirce: Selected Philosophical Writings Volume 1: 1867-1893. Bloomington, IN: Indiana University Press.

Prince, G. (2012). Narratology: The Form and Functioning of Narrative.

Boston: Walter de Gruyter.

Propp, V. (2010). Morphology of the Folktale. Austin: University of Texas Press.

Rimmon-Kenan, S. (1983). Narrative Fiction: Contemporary Poetics. London: Routledge

Saussure, F., Bally, C., Sechehaye, A., & Riedlinger, A. (1962). Cours de Linguistique Générale (5e éd.). Paris: Payot

Tobias, R. S. (2012). 20 Master Plots: And How to Build Them (3rd ed.). Cincinnati, OH: Writer's Digest Books.

Todorov, T. (1990). Genres in Discourse. Cambridge: Cambridge University Press.

레브네인의 이야기 (2016. 9. 9.) 스토리텔링과 내러티브 [온라인 블로그]. 2020. 8. 23. URL: https://genieker.tistory.com/138

I am on the road (2012. 4. 3.) [발표] 공동체 언어 학습법 [온라인 블로그]. 2020. 8. 23. URL: https://keontheroad.tistory.com/46

| 찾아보기 |

[ㄱ]
간접 제시__65
간접화법__128
개별기호__9
게임__153, 154, 155, 156, 158
경험하기__117
고유한 캐릭터__49
고정인물__52
공간__130, 131, 132, 133
공동체 언어학습법__143, 144
구스타프 프라이탁__25
균형 모델__33
그레이마스__156
근본시련__156, 157
기의__7, 11, 13
기표__7, 11, 13
기호__3, 4, 13, 133
기호학__5, 7, 15

[ㄴ]
내러톨로지스트__158
노드롭 프라이__19
늘리기__111

[ㄷ]
다성적 캐릭터__47
대상체__7, 8

[ㄷ]
도상__5, 9
드라마티즘__31

[ㄹ]
로널드 토비아스__80
롤랑 바르트__7
루돌로지스트__158

[ㅁ]
말해주기__113, 114
모티프__20
모험 플롯__76
미에케 발__49
미하일 바흐친__46
민담__27

[ㅂ]
바르트__11
법칙기호__9
보여주기__115, 116
복수 플롯__74
블라디미르 프로프__27

[ㅅ]
사랑 플롯__75
상징__5, 6, 9
서사__95, 96

서사문법__101, 102, 103
서사성__95, 96, 97
속도__104, 108, 109, 110
수제__18, 19
수학교육__149, 152
스토리 지도__137
스토리텔링__15, 121
신동일__144, 145
신호__6
신화__12
심층구조__18, 29

[ㅇ]
아리스토텔레스__25
아이러니__135
알기르다스 줄리앙 그레마스__27, 29
앤 크위__141
영광시련__157
영상__17
외국어 학습__143, 144
외국어교육__152
요약__107
은유__133, 134, 135
음성언어__14
이상구__149
이야기 기사__122, 123, 124, 125, 127
이원적 체계__14
인공지표__6
입체적 캐릭터__46

[ㅈ]
자격시련__156, 157

자연지표__6
자유간접화법__117, 118, 126, 128
자의성__13
장면__105, 106
장소__130, 131, 132, 133, 138
재현__65
전형적 캐릭터__43
정지__111
제랄드 프랭스__96, 101
제롬 브루너__148
제임스 벨__74
조셉 캠벨__156
지표__5, 9, 65
직접 제시__65, 66, 113, 114
직접화법__128
쯔베탕 토도로프__33

[ㅊ]
찰스 샌더스 퍼스__5
최소 단위 서사__101

[ㅋ]
캐릭터__41, 50, 52
캐릭터 기능 모델__27
케네쓰 버크__31

[ㅌ]
탐색 플롯__77, 78, 79

[ㅍ]
패뷸라__18, 19
퍼스__8, 9, 10
페르디난드 드 소쉬르__7

표상체__7, 8
표층구조__18, 29
품질기호__9
플롯__71, 80, 88, 137, 138, 139, 140, 154

[ㅎ]
해석체__7, 8, 9
행위소__43
행위소 모델__27, 29, 43
화법__127
환유__135